T&P BOOKS

I0150872

INDONESIO

VOCABULARIO

PALABRAS MÁS USADAS

ESPAÑOL- INDONESIO

Las palabras más útiles
Para expandir su vocabulario y refinar
sus habilidades lingüísticas

7000 palabras

Vocabulario Español-Indonesio - 7000 palabras más usadas
por Andrey Taranov

Los vocabularios de T&P Books buscan ayudar en el aprendizaje, la memorización y la revisión de palabras de idiomas extranjeros. El diccionario se divide por temas, cubriendo toda la esfera de las actividades cotidianas, de negocios, ciencias, cultura, etc.

El proceso de aprendizaje de palabras utilizando los diccionarios temáticos de T&P Books le proporcionará a usted las siguientes ventajas:

- La información del idioma secundario está organizada claramente y predetermina el éxito para las etapas subsiguientes en la memorización de palabras.
- Las palabras derivadas de la misma raíz se agrupan, lo cual permite la memorización de grupos de palabras en vez de palabras aisladas.
- Las unidades pequeñas de palabras facilitan el proceso de reconocimiento de enlaces de asociación que se necesitan para la cohesión del vocabulario.
- De este modo, se puede estimar el número de palabras aprendidas y así también el nivel de conocimiento del idioma.

Copyright © 2024 T&P Books Publishing

Todos los derechos reservados. Ninguna porción de este libro puede reproducirse o utilizarse de ninguna manera o por ningún medio; sea electrónico o mecánico, lo cual incluye la fotocopia, grabación o información almacenada y sistemas de recuperación, sin el permiso escrito de la editorial.

T&P Books Publishing
www.tpbooks.com

ISBN: 978-1-78616-496-4

Este libro está disponible en formato electrónico o de E-Book también.
Visite www.tpbooks.com o las librerías electrónicas más destacadas en la Red.

VOCABULARIO INDONESIO
palabras más usadas

Los vocabularios de T&P Books buscan ayudar al aprendiz a aprender, memorizar y repasar palabras de idiomas extranjeros. Los vocabularios contienen más de 7000 palabras comúnmente usadas y organizadas de manera temática.

- El vocabulario contiene las palabras corrientes más usadas.
- Se recomienda como ayuda adicional a cualquier curso de idiomas.
- Capta las necesidades de aprendices de nivel principiante y avanzado.
- Es conveniente para uso cotidiano, prácticas de revisión y actividades de auto-evaluación.
- Facilita la evaluación del vocabulario.

Aspectos claves del vocabulario

- Las palabras se organizan según el significado, no según el orden alfabético.
- Las palabras se presentan en tres columnas para facilitar los procesos de repaso y auto-evaluación.
- Los grupos de palabras se dividen en pequeñas secciones para facilitar el proceso de aprendizaje.
- El vocabulario ofrece una transcripción sencilla y conveniente de cada palabra extranjera.

El vocabulario contiene 198 temas que incluyen lo siguiente:

Conceptos básicos, números, colores, meses, estaciones, unidades de medidas, ropa y accesorios, comida y nutrición, restaurantes, familia nuclear, familia extendida, características de personalidad, sentimientos, emociones, enfermedades, la ciudad y el pueblo, exploración del paisaje, compras, finanzas, la casa, el hogar, la oficina, el trabajo en oficina, importación y exportación, promociones, búsqueda de trabajo, deportes, educación, computación, la red, herramientas, la naturaleza, los países, las nacionalidades y más ...

TABLA DE CONTENIDO

126
126

GUÍA DE PRONUNCIACIÓN

La letra	Ejemplo indonesio	T&P alfabeto fonético	Ejemplo español
Aa	zaman	[a]	radio
Bb	besar	[b]	en barco
Cc	kecil, cepat	[ʧ]	mapache
Dd	dugaan	[d]	desierto
Ee	segera, mencium	[e], [ə]	viernes
Ff	berfungsi	[f]	golf
Gg	juga, lagi	[g]	jugada
Hh	hanya, bahwa	[h]	registro
Ii	izin, sebagai ganti	[i], [j]	ilegal, asiento
Jj	setuju, ijin	[ʤ']	tadzhik
Kk	kemudian, tidak	[k], [']	charco, oclusiva glotal sorda
Ll	dilarang	[l]	lira
Mm	melihat	[m]	nombre
Nn	berenang	[n], [ŋ]	número, manga
Oo	toko roti	[o:]	domicilio
Pp	peribahasa	[p]	precio
Qq	Aquarius	[k]	charco
Rr	ratu, riang	[r]	rumbo
Ss	sendok, syarat	[s], [ʃ]	salva, shopping
Tt	tamu, adat	[t]	torre
Uu	ambulans	[u]	mundo
Vv	renovasi	[v]	travieso
Ww	pariwisata	[w]	acuerdo
Xx	boxer	[ks]	taxi
Yy	banyak, syarat	[j]	asiento
Zz	zamrud	[z]	desde

Las combinaciones de letras

aa	maaf	[aˀa]	a+oclusiva glotal sorda
kh	khawatir	[h]	registro
th	Gereja Lutheran	[t]	torre
-k	tidak	[']	oclusiva glotal sorda

ABREVIATURAS
usadas en el vocabulario

Abreviatura en español

adj	- adjetivo
adv	- adverbio
anim.	- animado
conj	- conjunción
etc.	- etcétera
f	- sustantivo femenino
f pl	- femenino plural
fam.	- uso familiar
fem.	- femenino
form.	- uso formal
inanim.	- inanimado
innum.	- innumerable
m	- sustantivo masculino
m pl	- masculino plural
m, f	- masculino, femenino
masc.	- masculino
mat	- matemáticas
mil.	- militar
num.	- numerable
p.ej.	- por ejemplo
pl	- plural
pron	- pronombre
sg	- singular
v aux	- verbo auxiliar
vi	- verbo intransitivo
vi, vt	- verbo intransitivo, verbo transitivo
vr	- verbo reflexivo
vt	- verbo transitivo

CONCEPTOS BÁSICOS

Conceptos básicos. Unidad 1

1. Los pronombres

yo	**saya, aku**	[saja], [aku]
tú	**engkau, kamu**	[eŋkau], [kamu]
él, ella, ello	**beliau, dia, ia**	[beliau], [dia], [ia]
nosotros, -as	**kami, kita**	[kami], [kita]
vosotros, -as	**kalian**	[kalian]
Usted	**Anda**	[anda]
Ustedes	**Anda sekalian**	[anda sekalian]
ellos, ellas	**mereka**	[mereka]

2. Saludos. Salutaciones. Despedidas

¡Hola! (fam.)	**Halo!**	[halo!]
¡Hola! (form.)	**Halo!**	[halo!]
¡Buenos días!	**Selamat pagi!**	[slamat pagi!]
¡Buenas tardes!	**Selamat siang!**	[slamat sian!]
¡Buenas noches!	**Selamat sore!**	[slamat sore!]
decir hola	**menyapa**	[mənjapa]
¡Hola! (a un amigo)	**Hai!**	[hey!]
saludo (m)	**sambutan, salam**	[sambutan], [salam]
saludar (vt)	**menyambut**	[mənjambut]
¿Cómo estás?	**Apa kabar?**	[apa kabar?]
¿Qué hay de nuevo?	**Apa yang baru?**	[apa yaŋ baru?]
¡Hasta la vista! (form.)	**Selamat tinggal!**	[slamat tiŋgal!],
	Selamat jalan!	[slamat dʒ'alan!]
¡Hasta la vista! (fam.)	**Dadah!**	[dadah!]
¡Hasta pronto!	**Sampai bertemu lagi!**	[sampaj bərtemu lagi!]
¡Adiós! (fam.)	**Sampai jumpa!**	[sampaj dʒ'umpa!]
¡Adiós! (form.)	**Selamat tinggal!**	[slamat tiŋgal!]
despedirse (vr)	**berpamitan**	[bərpamitan]
¡Hasta luego!	**Sampai nanti!**	[sampaj nanti!]
¡Gracias!	**Terima kasih!**	[tərima kasih!]
¡Muchas gracias!	**Terima kasih banyak!**	[tərima kasih banja'!]
De nada	**Kembali! Sama-sama!**	[kembali!], [sama-sama!]
No hay de qué	**Kembali!**	[kembali!]
De nada	**Kembali!**	[kembali!]
¡Disculpa! ¡Disculpe!	**Maaf, …**	[ma'af, …]
disculpar (vt)	**memaafkan**	[mema'afkan]

disculparse (vr)	**meminta maaf**	[meminta maʔaf]
Mis disculpas	**Maafkan saya**	[maʔafkan saja]
¡Perdóneme!	**Maaf!**	[maʔaf!]
perdonar (vt)	**memaafkan**	[memaʔafkan]
¡No pasa nada!	**Tidak apa-apa!**	[tidaʔ apa-apa!]
por favor	**tolong**	[toloŋ]

¡No se le olvide!	**Jangan lupa!**	[dʒaŋan lupa!]
¡Ciertamente!	**Tentu!**	[tentu!]
¡Claro que no!	**Tentu tidak!**	[tentu tidaʔ!]
¡De acuerdo!	**Baiklah! Baik!**	[bajklah!], [bajʔ!]
¡Basta!	**Cukuplah!**	[tʃukuplah!]

3. Números cardinales. Unidad 1

cero	**nol**	[nol]
uno	**satu**	[satu]
dos	**dua**	[dua]
tres	**tiga**	[tiga]
cuatro	**empat**	[empat]

cinco	**lima**	[lima]
seis	**enam**	[enam]
siete	**tujuh**	[tudʒuh]
ocho	**delapan**	[delapan]
nueve	**sembilan**	[sembilan]

diez	**sepuluh**	[sepuluh]
once	**sebelas**	[sebelas]
doce	**dua belas**	[dua belas]
trece	**tiga belas**	[tiga belas]
catorce	**empat belas**	[empat belas]

quince	**lima belas**	[lima belas]
dieciséis	**enam belas**	[enam belas]
diecisiete	**tujuh belas**	[tudʒuh belas]
dieciocho	**delapan belas**	[delapan belas]
diecinueve	**sembilan belas**	[sembilan belas]

veinte	**dua puluh**	[dua puluh]
veintiuno	**dua puluh satu**	[dua puluh satu]
veintidós	**dua puluh dua**	[dua puluh dua]
veintitrés	**dua puluh tiga**	[dua puluh tiga]

treinta	**tiga puluh**	[tiga puluh]
treinta y uno	**tiga puluh satu**	[tiga puluh satu]
treinta y dos	**tiga puluh dua**	[tiga puluh dua]
treinta y tres	**tiga puluh tiga**	[tiga puluh tiga]

cuarenta	**empat puluh**	[empat puluh]
cuarenta y uno	**empat puluh satu**	[empat puluh satu]
cuarenta y dos	**empat puluh dua**	[empat puluh dua]
cuarenta y tres	**empat puluh tiga**	[empat puluh tiga]
cincuenta	**lima puluh**	[lima puluh]

cincuenta y uno	**lima puluh satu**	[lima puluh satu]
cincuenta y dos	**lima puluh dua**	[lima puluh dua]
cincuenta y tres	**lima puluh tiga**	[lima puluh tiga]
sesenta	**enam puluh**	[enam puluh]
sesenta y uno	**enam puluh satu**	[enam puluh satu]
sesenta y dos	**enam puluh dua**	[enam puluh dua]
sesenta y tres	**enam puluh tiga**	[enam puluh tiga]
setenta	**tujuh puluh**	[tuʤuh puluh]
setenta y uno	**tujuh puluh satu**	[tuʤuh puluh satu]
setenta y dos	**tujuh puluh dua**	[tuʤuh puluh dua]
setenta y tres	**tujuh puluh tiga**	[tuʤuh puluh tiga]
ochenta	**delapan puluh**	[delapan puluh]
ochenta y uno	**delapan puluh satu**	[delapan puluh satu]
ochenta y dos	**delapan puluh dua**	[delapan puluh dua]
ochenta y tres	**delapan puluh tiga**	[delapan puluh tiga]
noventa	**sembilan puluh**	[sembilan puluh]
noventa y uno	**sembulan puluh satu**	[sembulan puluh satu]
noventa y dos	**sembilan puluh dua**	[sembilan puluh dua]
noventa y tres	**sembilan puluh tiga**	[sembilan puluh tiga]

4. Números cardinales. Unidad 2

cien	**seratus**	[seratus]
doscientos	**dua ratus**	[dua ratus]
trescientos	**tiga ratus**	[tiga ratus]
cuatrocientos	**empat ratus**	[empat ratus]
quinientos	**lima ratus**	[lima ratus]
seiscientos	**enam ratus**	[enam ratus]
setecientos	**tujuh ratus**	[tuʤuh ratus]
ochocientos	**delapan ratus**	[delapan ratus]
novecientos	**sembilan ratus**	[sembilan ratus]
mil	**seribu**	[seribu]
dos mil	**dua ribu**	[dua ribu]
tres mil	**tiga ribu**	[tiga ribu]
diez mil	**sepuluh ribu**	[sepuluh ribu]
cien mil	**seratus ribu**	[seratus ribu]
millón (m)	**juta**	[ʤuta]
mil millones	**miliar**	[miliar]

5. Números. Fracciones

fracción (f)	**pecahan**	[petʃahan]
un medio	**seperdua**	[seperdua]
un tercio	**sepertiga**	[sepertiga]
un cuarto	**seperempat**	[seperempat]
un octavo	**seperdelapan**	[seperdelapan]

un décimo	sepersepuluh	[sepersepuluh]
dos tercios	dua pertiga	[dua pərtiga]
tres cuartos	tiga perempat	[tiga pərempat]

6. Números. Operaciones básicas

sustracción (f)	pengurangan	[pəŋuraŋan]
sustraer (vt)	mengurangkan	[məŋuraŋkan]
división (f)	pembagian	[pembagian]
dividir (vt)	membagi	[membagi]

adición (f)	penambahan	[penambahan]
sumar (totalizar)	menambahkan	[mənambahkan]
adicionar (vt)	menambahkan	[mənambahkan]
multiplicación (f)	pengalian	[peŋalian]
multiplicar (vt)	mengalikan	[məŋalikan]

7. Números. Miscelánea

cifra (f)	angka	[aŋka]
número (m) (~ cardinal)	nomor	[nomor]
numeral (m)	kata bilangan	[kata bilaŋan]
menos (m)	minus	[minus]
más (m)	plus	[plus]
fórmula (f)	rumus	[rumus]

cálculo (m)	perhitungan	[pərhituŋan]
contar (vt)	menghitung	[məŋhituŋ]
calcular (vt)	menghitung	[məŋhituŋ]
comparar (vt)	membandingkan	[membandiŋkan]

¿Cuánto?	Berapa?	[bərapa?]
suma (f)	jumlah	[dʒˈumlah]
resultado (m)	hasil	[hasil]
resto (m)	sisa, baki	[sisa], [baki]
algunos, algunas ...	beberapa	[beberapa]
poco (adv)	sedikit	[sedikit]
resto (m)	selebihnya, sisanya	[selebihnja], [sisanja]
uno y medio	satu setengah	[satu seteŋah]
docena (f)	lusin	[lusin]

en dos	dua bagian	[dua bagian]
en partes iguales	rata	[rata]
mitad (f)	setengah	[seteŋah]
vez (f)	kali	[kali]

8. Los verbos más importantes. Unidad 1

| abrir (vt) | membuka | [membuka] |
| acabar, terminar (vt) | mengakhiri | [məŋahiri] |

aconsejar (vt)	menasihati	[mənasihati]
adivinar (vt)	menerka	[mənerka]
advertir (vt)	memperingatkan	[memperiŋatkan]
alabarse, jactarse (vr)	membual	[membual]
almorzar (vi)	makan siang	[makan siaŋ]
alquilar (~ una casa)	menyewa	[mənjewa]
amenazar (vt)	mengancam	[mənanʧam]
arrepentirse (vr)	menyesal	[mənjesal]
ayudar (vt)	membantu	[membantu]
bañarse (vr)	berenang	[bərenaŋ]
bromear (vi)	bergurau	[bərgurau]
buscar (vt)	mencari ...	[mənʧari ...]
caer (vi)	jatuh	[dʒ'atuh]
callarse (vr)	diam	[diam]
cambiar (vt)	mengubah	[mənubah]
castigar, punir (vt)	menghukum	[mənhukum]
cavar (vt)	menggali	[məngali]
cazar (vi, vt)	berburu	[bərburu]
cenar (vi)	makan malam	[makan malam]
cesar (vt)	menghentikan	[mənhentikan]
coger (vt)	menangkap	[mənaŋkap]
comenzar (vt)	memulai, membuka	[memulaj], [membuka]
comparar (vt)	membandingkan	[membandiŋkan]
comprender (vt)	mengerti	[mənerti]
confiar (vt)	mempercayai	[mempərʧajaj]
confundir (vt)	bingung membedakan	[biŋuŋ membedakan]
conocer (~ a alguien)	kenal	[kenal]
contar (vt) (enumerar)	menghitung	[mənhituŋ]
contar con ...	mengharapkan ...	[mənharapkan ...]
continuar (vt)	meneruskan	[məneruskan]
controlar (vt)	mengontrol	[mənontrol]
correr (vi)	lari	[lari]
costar (vt)	berharga	[bərharga]
crear (vt)	menciptakan	[mənʧiptakan]

9. Los verbos más importantes. Unidad 2

dar (vt)	memberi	[memberi]
dar una pista	memberi petunjuk	[memberi petundʒ'u']
decir (vt)	berkata	[bərkata]
decorar (para la fiesta)	menghiasi	[mənhiasi]
defender (vt)	membela	[membela]
dejar caer	tercecer	[tərʧeʧer]
desayunar (vi)	sarapan	[sarapan]
descender (vi)	turun	[turun]
dirigir (administrar)	memimpin	[memimpin]
disculpar (vt)	memaafkan	[mema'afkan]

disculparse (vr)	meminta maaf	[meminta ma'af]
discutir (vt)	membicarakan	[membitʃarakan]
dudar (vt)	ragu-ragu	[ragu-ragu]

encontrar (hallar)	menemukan	[mənemukan]
engañar (vi, vt)	menipu	[mənipu]
entrar (vi)	masuk, memasuki	[masuk], [memasuki]
enviar (vt)	mengirim	[məŋirim]

equivocarse (vr)	salah	[salah]
escoger (vt)	memilih	[memilih]
esconder (vt)	menyembunyikan	[mənjembunjikan]
escribir (vt)	menulis	[mənulis]
esperar (aguardar)	menunggu	[mənuŋgu]

esperar (tener esperanza)	berharap	[bərharap]
estar (vi)	sedang	[sedaŋ]
estar de acuerdo	setuju	[setudʒʲu]
estudiar (vt)	mempelajari	[mempeladʒʲari]

exigir (vt)	menuntut	[mənuntut]
existir (vi)	ada	[ada]
explicar (vt)	menjelaskan	[mendʒʲelaskan]
faltar (a las clases)	absen	[absen]
firmar (~ el contrato)	menandatangani	[mənandataŋani]

girar (~ a la izquierda)	membelok	[membelo']
gritar (vi)	berteriak	[bərteria']
guardar (conservar)	menyimpan	[mənjimpan]
gustar (vi)	suka	[suka]
hablar (vi, vt)	berbicara	[bərbitʃara]

hacer (vt)	membuat	[membuat]
informar (vt)	menginformasikan	[mənjinformasikan]
insistir (vi)	mendesak	[mendesa']
insultar (vt)	menghina	[mənhina]

interesarse (vr)	menaruh minat pada ...	[mənaruh minat pada ...]
invitar (vt)	mengundang	[mənundaŋ]
ir (a pie)	berjalan	[bərdʒʲalan]
jugar (divertirse)	bermain	[bərmajn]

10. Los verbos más importantes. Unidad 3

leer (vi, vt)	membaca	[membatʃa]
liberar (ciudad, etc.)	membebaskan	[membebaskan]
llamar (por ayuda)	memanggil	[memaŋgil]
llegar (vi)	datang	[dataŋ]
llorar (vi)	menangis	[mənaŋis]

matar (vt)	membunuh	[membunuh]
mencionar (vt)	menyebut	[mənjebut]
mostrar (vt)	menunjukkan	[mənundʒʲu'kan]
nadar (vi)	berenang	[bərenaŋ]

negarse (vr)	menolak	[mənola']
objetar (vt)	keberatan	[keberatan]
observar (vt)	mengamati	[məɲamati]
oír (vt)	mendengar	[məndeŋar]

olvidar (vt)	melupakan	[melupakan]
orar (vi)	bersembahyang, berdoa	[bərsembahjaŋ], [bərdoa]
ordenar (mil.)	memerintahkan	[memerintahkan]
pagar (vi, vt)	membayar	[membajar]
pararse (vr)	berhenti	[bərhenti]

participar (vi)	turut serta	[turut serta]
pedir (ayuda, etc.)	meminta	[meminta]
pedir (en restaurante)	memesan	[memesan]
pensar (vi, vt)	berpikir	[bərpikir]

percibir (ver)	memperhatikan	[memperhatikan]
perdonar (vt)	memaafkan	[mema'afkan]
permitir (vt)	mengizinkan	[məɲizinkan]
pertenecer a ...	kepunyaan ...	[kepunja'an ...]

planear (vt)	merencanakan	[merentʃanakan]
poder (v aux)	bisa	[bisa]
poseer (vt)	memiliki	[memiliki]
preferir (vt)	lebih suka	[lebih suka]
preguntar (vt)	bertanya	[bərtanja]

preparar (la cena)	memasak	[memasa']
prever (vt)	menduga	[mənduga]
probar, tentar (vt)	mencoba	[məntʃoba]
prometer (vt)	berjanji	[bərdʒ'andʒi]
pronunciar (vt)	melafalkan	[melafalkan]

proponer (vt)	mengusulkan	[məɲusulkan]
quebrar (vt)	memecahkan	[memetʃahkan]
quejarse (vr)	mengeluh	[məɲeluh]
querer (amar)	mencintai	[məntʃintaj]
querer (desear)	mau, ingin	[mau], [iŋin]

11. Los verbos más importantes. Unidad 4

recomendar (vt)	merekomendasi	[merekomendasi]
regañar, reprender (vt)	memarahi, menegur	[memarahi], [menegur]
reírse (vr)	tertawa	[tərtawa]
repetir (vt)	mengulangi	[məɲulaŋi]
reservar (~ una mesa)	memesan	[memesan]
responder (vi, vt)	menjawab	[məndʒ'awab]

robar (vt)	mencuri	[məntʃuri]
saber (~ algo mas)	tahu	[tahu]
salir (vi)	keluar	[keluar]
salvar (vt)	menyelamatkan	[mənjelamatkan]
seguir ...	mengikuti ...	[məɲikuti ...]
sentarse (vr)	duduk	[dudu']

ser (vi)	ialah, adalah	[ialah], [adalah]
ser necesario	dibutuhkan	[dibutuhkan]
significar (vt)	berarti	[bərarti]
sonreír (vi)	tersenyum	[tərsenyum]
sorprenderse (vr)	heran	[heran]

subestimar (vt)	meremehkan	[meremehkan]
tener (vt)	mempunyai	[mempunjaj]
tener hambre	lapar	[lapar]
tener miedo	takut	[takut]

tener prisa	tergesa-gesa	[tərgesa-gesa]
tener sed	haus	[haus]
tirar, disparar (vi)	menembak	[mənemba?]
tocar (con las manos)	menyentuh	[mənjentuh]
tomar (vt)	mengambil	[mənambil]
tomar nota	mencatat	[məntʃatat]

trabajar (vi)	bekerja	[bekerdʒʲa]
traducir (vt)	menerjemahkan	[mənerdʒʲemahkan]
unir (vt)	menyatukan	[mənjatukan]
vender (vt)	menjual	[məndʒʲual]
ver (vt)	melihat	[melihat]
volar (pájaro, avión)	terbang	[tərbaŋ]

12. Los colores

color (m)	warna	[warna]
matiz (m)	nuansa	[nuansa]
tono (m)	warna	[warna]
arco (m) iris	pelangi	[pelaɲi]

blanco (adj)	putih	[putih]
negro (adj)	hitam	[hitam]
gris (adj)	kelabu	[kelabu]

verde (adj)	hijau	[hidʒʲau]
amarillo (adj)	kuning	[kuniŋ]
rojo (adj)	merah	[merah]

azul (adj)	biru	[biru]
azul claro (adj)	biru muda	[biru muda]
rosa (adj)	pink	[pin?]
naranja (adj)	oranye, jingga	[oranje], [dʒiŋga]
violeta (adj)	violet, ungu muda	[violet], [uɲu muda]
marrón (adj)	cokelat	[tʃokelat]

| dorado (adj) | keemasan | [keemasan] |
| argentado (adj) | keperakan | [keperakan] |

beige (adj)	abu-abu kecokelatan	[abu-abu ketʃokelatan]
crema (adj)	krem	[krem]
turquesa (adj)	pirus	[pirus]
rojo cereza (adj)	merah tua	[merah tua]

lila (adj)	ungu	[uŋu]
carmesí (adj)	merah lembayung	[merah lembajuŋ]
claro (adj)	terang	[teraŋ]
oscuro (adj)	gelap	[gelap]
vivo (adj)	terang	[teraŋ]
de color (lápiz ~)	berwarna	[bərwarna]
en colores (película ~)	warna	[warna]
blanco y negro (adj)	hitam-putih	[hitam-putih]
unicolor (adj)	polos, satu warna	[polos], [satu warna]
multicolor (adj)	berwarna-warni	[bərwarna-warni]

13. Las preguntas

¿Quién?	Siapa?	[siapa?]
¿Qué?	Apa?	[apa?]
¿Dónde?	Di mana?	[di mana?]
¿Adónde?	Ke mana?	[ke mana?]
¿De dónde?	Dari mana?	[dari mana?]
¿Cuándo?	Kapan?	[kapan?]
¿Para qué?	Mengapa?	[məŋapa?]
¿Por qué?	Mengapa?	[məŋapa?]
¿Por qué razón?	Untuk apa?	[untu' apa?]
¿Cómo?	Bagaimana?	[bagajmana?]
¿Qué ...? (~ color)	Apa? Yang mana?	[apa?], [yaŋ mana?]
¿Cuál?	Yang mana?	[yaŋ mana?]
¿A quién?	Kepada siapa?	[kepada siapa?],
	Untuk siapa?	[untu' siapa?]
¿De quién? (~ hablan ...)	Tentang siapa?	[tentaŋ siapa?]
¿De qué?	Tentang apa?	[tentaŋ apa?]
¿Con quién?	Dengan siapa?	[deŋan siapa?]
¿Cuánto?	Berapa?	[bərapa?]
¿De quién?	Milik siapa?	[mili' siapa?]

14. Las palabras útiles. Los adverbios. Unidad 1

¿Dónde?	Di mana?	[di mana?]
aquí (adv)	di sini	[di sini]
allí (adv)	di sana	[di sana]
en alguna parte	di suatu tempat	[di suatu tempat]
en ninguna parte	tak ada di mana pun	[ta' ada di mana pun]
junto a ...	dekat	[dekat]
junto a la ventana	dekat jendela	[dekat dʒʲendela]
¿A dónde?	Ke mana?	[ke mana?]
aquí (venga ~)	ke sini	[ke sini]

allí (vendré ~)	ke sana	[ke sana]
de aquí (adv)	dari sini	[dari sini]
de allí (adv)	dari sana	[dari sana]

| cerca (no lejos) | dekat | [dekat] |
| lejos (adv) | jauh | [dʒꞌauh] |

cerca de ...	dekat	[dekat]
al lado (de ...)	dekat	[dekat]
no lejos (adv)	tidak jauh	[tidaꞌ dʒꞌauh]

izquierdo (adj)	kiri	[kiri]
a la izquierda (situado ~)	di kiri	[di kiri]
a la izquierda (girar ~)	ke kiri	[ke kiri]

derecho (adj)	kanan	[kanan]
a la derecha (situado ~)	di kanan	[di kanan]
a la derecha (girar)	ke kanan	[ke kanan]

delante (yo voy ~)	di depan	[di depan]
delantero (adj)	depan	[depan]
adelante (movimiento)	ke depan	[ke depan]

detrás de ...	di belakang	[di belakaŋ]
desde atrás	dari belakang	[dari belakaŋ]
atrás (da un paso ~)	mundur	[mundur]

| centro (m), medio (m) | tengah | [teŋah] |
| en medio (adv) | di tengah | [di teŋah] |

de lado (adv)	di sisi, di samping	[di sisi], [di sampiŋ]
en todas partes	di mana-mana	[di mana-mana]
alrededor (adv)	di sekitar	[di sekitar]

de dentro (adv)	dari dalam	[dari dalam]
a alguna parte	ke suatu tempat	[ke suatu tempat]
todo derecho (adv)	terus	[terus]
atrás (muévelo para ~)	kembali	[kembali]

| de alguna parte (adv) | dari mana pun | [dari mana pun] |
| no se sabe de dónde | dari suatu tempat | [dari suatu tempat] |

primero (adv)	pertama	[pertama]
segundo (adv)	kedua	[kedua]
tercero (adv)	ketiga	[ketiga]

de súbito (adv)	tiba-tiba	[tiba-tiba]
al principio (adv)	mula-mula	[mula-mula]
por primera vez	untuk pertama kalinya	[untuꞌ pertama kalinja]
mucho tiempo antes ...	jauh sebelum ...	[dʒꞌauh sebelum ...]
de nuevo (adv)	kembali	[kembali]
para siempre (adv)	untuk selama-lamanya	[untuꞌ selama-lamanja]

jamás, nunca (adv)	tidak pernah	[tidaꞌ pernah]
de nuevo (adv)	lagi, kembali	[lagi], [kembali]
ahora (adv)	sekarang	[sekaraŋ]

frecuentemente (adv)	sering, seringkali	[seriŋ], [seriŋkali]
entonces (adv)	ketika itu	[ketika itu]
urgentemente (adv)	segera	[segera]
usualmente (adv)	biasanya	[biasanja]
a propósito, ...	ngomong-ngomong ...	[ŋomoŋ-ŋomoŋ ...]
es probable	mungkin	[muŋkin]
probablemente (adv)	mungkin	[muŋkin]
tal vez	mungkin	[muŋkin]
además ...	selain itu ...	[selajn itu ...]
por eso ...	karena itu ...	[karena itu ...]
a pesar de ...	meskipun ...	[meskipun ...]
gracias a ...	berkat ...	[berkat ...]
qué (pron)	apa	[apa]
que (conj)	bahwa	[bahwa]
algo (~ le ha pasado)	sesuatu	[sesuatu]
algo (~ así)	sesuatu	[sesuatu]
nada (f)	tidak sesuatu pun	[tida' sesuatu pun]
quien	siapa	[siapa]
alguien (viene ~)	seseorang	[seseoraŋ]
alguien (¿ha llamado ~?)	seseorang	[seseoraŋ]
nadie	tidak seorang pun	[tida' seoraŋ pun]
a ninguna parte	tidak ke mana pun	[tida' ke mana pun]
de nadie	tidak milik siapa pun	[tida' mili' siapa pun]
de alguien	milik seseorang	[mili' seseoraŋ]
tan, tanto (adv)	sangat	[saŋat]
también (~ habla francés)	juga	[dʒ'uga]
también (p.ej. Yo ~)	juga	[dʒ'uga]

15. Las palabras útiles. Los adverbios. Unidad 2

¿Por qué?	Mengapa?	[məŋapa?]
no se sabe porqué	entah mengapa	[entah məŋapa]
porque ...	karena ...	[karena ...]
por cualquier razón (adv)	untuk tujuan tertentu	[untu' tudʒ'uan tərtentu]
y (p.ej. uno y medio)	dan	[dan]
o (p.ej. té o café)	atau	[atau]
pero (p.ej. me gusta, ~)	tetapi, namun	[tetapi], [namun]
para (p.ej. es para ti)	untuk	[untu']
demasiado (adv)	terlalu	[tərlalu]
sólo, solamente (adv)	hanya	[hanja]
exactamente (adv)	tepat	[tepat]
unos ...,	sekitar	[sekitar]
cerca de ... (~ 10 kg)		
aproximadamente	kira-kira	[kira-kira]
aproximado (adj)	kira-kira	[kira-kira]
casi (adv)	hampir	[hampir]

resto (m)	selebihnya, sisanya	[selebihnja], [sisanja]
el otro (adj)	kedua	[kedua]
otro (p.ej. el otro día)	lain	[lain]
cada (adj)	setiap	[setiap]
cualquier (adj)	sebarang	[sebaraŋ]
mucho (adv)	banyak	[banjaʔ]
muchos (mucha gente)	banyak orang	[banjaʔ oraŋ]
todos	semua	[semua]
a cambio de ...	sebagai ganti ...	[sebagaj ganti ...]
en cambio (adv)	sebagai gantinya	[sebagaj gantinja]
a mano (hecho ~)	dengan tangan	[deŋan taŋan]
poco probable	hampir tidak	[hampir tidaʔ]
probablemente	mungkin	[muŋkin]
a propósito (adv)	sengaja	[seŋadʒ'a]
por accidente (adv)	tidak sengaja	[tidaʔ seŋadʒ'a]
muy (adv)	sangat	[saŋat]
por ejemplo (adv)	misalnya	[misalnja]
entre (~ nosotros)	antara	[antara]
entre (~ otras cosas)	di antara	[di antara]
tanto (~ gente)	banyak sekali	[banjaʔ sekali]
especialmente (adv)	terutama	[terutama]

Conceptos básicos. Unidad 2

16. Los opuestos

rico (adj)	kaya	[kaja]
pobre (adj)	miskin	[miskin]
enfermo (adj)	sakit	[sakit]
sano (adj)	sehat	[sehat]
grande (adj)	besar	[besar]
pequeño (adj)	kecil	[ketʃil]
rápidamente (adv)	cepat	[tʃepat]
lentamente (adv)	perlahan-lahan	[pərlahan-lahan]
rápido (adj)	cepat	[tʃepat]
lento (adj)	lambat	[lambat]
alegre (adj)	riang	[riaŋ]
triste (adj)	sedih	[sedih]
juntos (adv)	bersama	[bərsama]
separadamente	terpisah	[tərpisah]
en voz alta	dengan keras	[deŋan keras]
en silencio	dalam hati	[dalam hati]
alto (adj)	tinggi	[tiŋgi]
bajo (adj)	rendah	[rendah]
profundo (adj)	dalam	[dalam]
poco profundo (adj)	dangkal	[daŋkal]
sí	ya	[ya]
no	tidak	[tidaʔ]
lejano (adj)	jauh	[dʒʲauh]
cercano (adj)	dekat	[dekat]
lejos (adv)	jauh	[dʒʲauh]
cerco (adv)	dekat	[dekat]
largo (adj)	panjang	[pandʒʲaŋ]
corto (adj)	pendek	[pendeʔ]
bueno (de buen corazón)	baik hati	[bajʔ hati]
malvado (adj)	jahat	[dʒʲahat]

| casado (adj) | menikah | [mənikah] |
| soltero (adj) | bujang | [budʒ!aŋ] |

| prohibir (vt) | melarang | [melaraŋ] |
| permitir (vt) | mengizinkan | [məŋizinkan] |

| fin (m) | akhir | [ahir] |
| principio (m) | permulaan | [pərmula'an] |

| izquierdo (adj) | kiri | [kiri] |
| derecho (adj) | kanan | [kanan] |

| primero (adj) | pertama | [pərtama] |
| último (adj) | terakhir | [tərahir] |

| crimen (m) | kejahatan | [kedʒ!ahatan] |
| castigo (m) | hukuman | [hukuman] |

| ordenar (vt) | memerintahkan | [memerintahkan] |
| obedecer (vi, vt) | mematuhi | [mematuhi] |

| recto (adj) | lurus | [lurus] |
| curvo (adj) | melengkung | [meleŋkuŋ] |

| paraíso (m) | surga | [surga] |
| infierno (m) | neraka | [neraka] |

| nacer (vi) | lahir | [lahir] |
| morir (vi) | mati, meninggal | [mati], [meniŋgal] |

| fuerte (adj) | kuat | [kuat] |
| débil (adj) | lemah | [lemah] |

| viejo (adj) | tua | [tua] |
| joven (adj) | muda | [muda] |

| viejo (adj) | tua | [tua] |
| nuevo (adj) | baru | [baru] |

| duro (adj) | keras | [keras] |
| blando (adj) | lunak | [luna'] |

| tibio (adj) | hangat | [haŋat] |
| frío (adj) | dingin | [diŋin] |

| gordo (adj) | gemuk | [gemu'] |
| delgado (adj) | kurus | [kurus] |

| estrecho (adj) | sempit | [sempit] |
| ancho (adj) | lebar | [lebar] |

| bueno (adj) | baik | [baj'] |
| malo (adj) | buruk | [buru'] |

| valiente (adj) | pemberani | [pemberani] |
| cobarde (adj) | penakut | [penakut] |

17. Los días de la semana

lunes (m)	Hari Senin	[hari senin]
martes (m)	Hari Selasa	[hari selasa]
miércoles (m)	Hari Rabu	[hari rabu]
jueves (m)	Hari Kamis	[hari kamis]
viernes (m)	Hari Jumat	[hari dʒ'umat]
sábado (m)	Hari Sabtu	[hari sabtu]
domingo (m)	Hari Minggu	[hari miŋgu]
hoy (adv)	hari ini	[hari ini]
mañana (adv)	besok	[beso']
pasado mañana	besok lusa	[beso' lusa]
ayer (adv)	kemarin	[kemarin]
anteayer (adv)	kemarin dulu	[kemarin dulu]
día (m)	hari	[hari]
día (m) de trabajo	hari kerja	[hari kerdʒ'a]
día (m) de fiesta	hari libur	[hari libur]
día (m) de descanso	hari libur	[hari libur]
fin (m) de semana	akhir pekan	[ahir pekan]
todo el día	seharian	[seharian]
al día siguiente	hari berikutnya	[hari bərikutnja]
dos días atrás	dua hari lalu	[dua hari lalu]
en vísperas (adv)	hari sebelumnya	[hari sebelumnja]
diario (adj)	harian	[harian]
cada día (adv)	tiap hari	[tiap hari]
semana (f)	minggu	[miŋgu]
semana (f) pasada	minggu lalu	[miŋgu lalu]
semana (f) que viene	minggu berikutnya	[miŋgu bərikutnja]
semanal (adj)	mingguan	[miŋguan]
cada semana (adv)	tiap minggu	[tiap miŋgu]
2 veces por semana	dua kali seminggu	[dua kali semiŋgu]
todos los martes	tiap Hari Selasa	[tiap hari selasa]

18. Las horas. El día y la noche

mañana (f)	pagi	[pagi]
por la mañana	pada pagi hari	[pada pagi hari]
mediodía (m)	tengah hari	[teŋah hari]
por la tarde	pada sore hari	[pada sore hari]
noche (f)	sore, malam	[sore], [malam]
por la noche	waktu sore	[waktu sore]
noche (f) (p.ej. 2:00 a.m.)	malam	[malam]
por la noche	pada malam hari	[pada malam hari]
medianoche (f)	tengah malam	[teŋah malam]
segundo (m)	detik	[deti']
minuto (m)	menit	[menit]
hora (f)	jam	[dʒ'am]

media hora (f)	setengah jam	[setəŋah dʒʲam]
cuarto (m) de hora	seperempat jam	[seperempat dʒʲam]
quince minutos	lima belas menit	[lima belas menit]
veinticuatro horas	siang-malam	[siaŋ-malam]
salida (f) del sol	matahari terbit	[matahari tərbit]
amanecer (m)	subuh	[subuh]
madrugada (f)	dini pagi	[dini pagi]
puesta (f) del sol	matahari terbenam	[matahari tərbenam]
de madrugada	pagi-pagi	[pagi-pagi]
esta mañana	pagi ini	[pagi ini]
mañana por la mañana	besok pagi	[beso' pagi]
esta tarde	sore ini	[sore ini]
por la tarde	pada sore hari	[pada sore hari]
mañana por la tarde	besok sore	[beso' sore]
esta noche (p.ej. 8:00 p.m.)	sore ini	[sore ini]
mañana por la noche	besok malam	[beso' malam]
a las tres en punto	pukul 3 tepat	[pukul tiga tepat]
a eso de las cuatro	sekitar pukul 4	[sekitar pukul empat]
para las doce	pada pukul 12	[pada pukul belas]
dentro de veinte minutos	dalam 20 menit	[dalam dua puluh menit]
dentro de una hora	dalam satu jam	[dalam satu dʒʲam]
a tiempo (adv)	tepat waktu	[tepat waktu]
… menos cuarto	… kurang seperempat	[… kuraŋ seperempat]
durante una hora	selama sejam	[selama sedʒʲam]
cada quince minutos	tiap 15 menit	[tiap lima belas menit]
día y noche	siang-malam	[siaŋ-malam]

19. Los meses. Las estaciones

enero (m)	Januari	[dʒʲanuari]
febrero (m)	Februari	[februari]
marzo (m)	Maret	[maret]
abril (m)	April	[april]
mayo (m)	Mei	[mei]
junio (m)	Juni	[dʒʲuni]
julio (m)	Juli	[dʒʲuli]
agosto (m)	Augustus	[augustus]
septiembre (m)	September	[september]
octubre (m)	Oktober	[oktober]
noviembre (m)	November	[november]
diciembre (m)	Desember	[desember]
primavera (f)	musim semi	[musim semi]
en primavera	pada musim semi	[pada musim semi]
de primavera (adj)	musim semi	[musim semi]
verano (m)	musim panas	[musim panas]

en verano	**pada musim panas**	[pada musim panas]
de verano (adj)	**musim panas**	[musim panas]
otoño (m)	**musim gugur**	[musim gugur]
en otoño	**pada musim gugur**	[pada musim gugur]
de otoño (adj)	**musim gugur**	[musim gugur]
invierno (m)	**musim dingin**	[musim diŋin]
en invierno	**pada musim dingin**	[pada musim diŋin]
de invierno (adj)	**musim dingin**	[musim diŋin]
mes (m)	**bulan**	[bulan]
este mes	**bulan ini**	[bulan ini]
al mes siguiente	**bulan depan**	[bulan depan]
el mes pasado	**bulan lalu**	[bulan lalu]
hace un mes	**sebulan lalu**	[sebulan lalu]
dentro de un mes	**dalam satu bulan**	[dalam satu bulan]
dentro de dos meses	**dalam 2 bulan**	[dalam dua bulan]
todo el mes	**sepanjang bulan**	[sepandʒ'aŋ bulan]
todo un mes	**sebulan penuh**	[sebulan penuh]
mensual (adj)	**bulanan**	[bulanan]
mensualmente (adv)	**tiap bulan**	[tiap bulan]
cada mes	**tiap bulan**	[tiap bulan]
dos veces por mes	**dua kali sebulan**	[dua kali sebulan]
año (m)	**tahun**	[tahun]
este año	**tahun ini**	[tahun ini]
el próximo año	**tahun depan**	[tahun depan]
el año pasado	**tahun lalu**	[tahun lalu]
hace un año	**setahun lalu**	[setahun lalu]
dentro de un año	**dalam satu tahun**	[dalam satu tahun]
dentro de dos años	**dalam 2 tahun**	[dalam dua tahun]
todo el año	**sepanjang tahun**	[sepandʒ'aŋ tahun]
todo un año	**setahun penuh**	[setahun penuh]
cada año	**tiap tahun**	[tiap tahun]
anual (adj)	**tahunan**	[tahunan]
anualmente (adv)	**tiap tahun**	[tiap tahun]
cuatro veces por año	**empat kali setahun**	[empat kali setahun]
fecha (f) (la ~ de hoy es …)	**tanggal**	[taŋgal]
fecha (f) (~ de entrega)	**tanggal**	[taŋgal]
calendario (m)	**kalender**	[kalender]
medio año (m)	**setengah tahun**	[seteŋah tahun]
seis meses	**enam bulan**	[enam bulan]
estación (f)	**musim**	[musim]
siglo (m)	**abad**	[abad]

20. La hora. Miscelánea

tiempo (m)	**waktu**	[waktu]
momento (m)	**sekejap**	[sekedʒ'ap]

instante (m)	saat, waktu	[sa'at], [waktu]
instantáneo (adj)	seketika	[seketika]
lapso (m) de tiempo	jangka waktu	[dʒˈaŋka waktu]
vida (f)	kehidupan, hidup	[kehidupan], [hidup]
eternidad (f)	keabadiaan	[keabadia'an]
época (f)	zaman	[zaman]
era (f)	era	[era]
ciclo (m)	siklus	[siklus]
periodo (m)	periode, kurun waktu	[pəriode], [kurun waktu]
plazo (m) (~ de tres meses)	jangka waktu	[dʒˈaŋka waktu]
futuro (m)	masa depan	[masa depan]
futuro (adj)	yang akan datang	[yaŋ akan dataŋ]
la próxima vez	lain kali	[lain kali]
pasado (m)	masa lalu	[masa lalu]
pasado (adj)	lalu	[lalu]
la última vez	terakhir kali	[tərahir kali]
más tarde (adv)	kemudian	[kemudian]
después	sesudah	[sesudah]
actualmente (adv)	sekarang	[sekaraŋ]
ahora (adv)	saat ini	[sa'at ini]
inmediatamente	segera	[segera]
pronto (adv)	segera	[segera]
de antemano (adv)	sebelumnya	[sebelumnja]
hace mucho tiempo	dahulu kala	[dahulu kala]
hace poco (adv)	baru-baru ini	[baru-baru ini]
destino (m)	nasib	[nasib]
recuerdos (m pl)	kenang-kenangan	[kenaŋ-kenaŋan]
archivo (m)	arsip	[arsip]
durante ...	selama ...	[selama ...]
mucho tiempo (adv)	lama	[lama]
poco tiempo (adv)	tidak lama	[tida' lama]
temprano (adv)	pagi-pagi	[pagi-pagi]
tarde (adv)	terlambat	[tərlambat]
para siempre (adv)	untuk selama-lamanya	[untu' selama-lamanja]
comenzar (vt)	memulai	[memulaj]
aplazar (vt)	menunda	[mənunda]
simultáneamente	serentak	[serenta']
permanentemente	tetap	[tetap]
constante (ruido, etc.)	terus menerus	[terus menerus]
temporal (adj)	sementara	[sementara]
a veces (adv)	kadang-kadang	[kadaŋ-kadaŋ]
raramente (adv)	jarang	[dʒaraŋ]
frecuentemente	sering, seringkali	[seriŋ], [seriŋkali]

21. Las líneas y las formas

cuadrado (m)	bujur sangkar	[budʒur saŋkar]
cuadrado (adj)	persegi	[pərsegi]

círculo (m)	lingkaran	[liŋkaran]
redondo (adj)	bundar	[bundar]
triángulo (m)	segi tiga	[segi tiga]
triangular (adj)	segi tiga	[segi tiga]
óvalo (m)	oval	[oval]
oval (adj)	oval	[oval]
rectángulo (m)	segi empat	[segi empat]
rectangular (adj)	siku-siku	[siku-siku]
pirámide (f)	piramida	[piramida]
rombo (m)	rombus	[rombus]
trapecio (m)	trapesium	[trapesium]
cubo (m)	kubus	[kubus]
prisma (m)	prisma	[prisma]
circunferencia (f)	lingkar	[liŋkar]
esfera (f)	bulatan	[bulatan]
globo (m)	bola	[bola]
diámetro (m)	diameter	[diameter]
radio (m)	radius, jari-jari	[radius], [dʒʲari-dʒʲari]
perímetro (m)	perimeter	[pərimeter]
centro (m)	pusat	[pusat]
horizontal (adj)	horizontal, mendatar	[horizontal], [mendatar]
vertical (adj)	vertikal, tegak lurus	[vertikal], [tegaʔ lurus]
paralela (f)	sejajar	[sedʒʲadʒʲar]
paralelo (adj)	sejajar	[sedʒʲadʒʲar]
línea (f)	garis	[garis]
trazo (m)	garis	[garis]
recta (f)	garis lurus	[garis lurus]
curva (f)	garis lengkung	[garis leŋkuŋ]
fino (la ~a línea)	tipis	[tipis]
contorno (m)	kontur	[kontur]
intersección (f)	titik potong	[titiʔ potoŋ]
ángulo (m) recto	sudut siku-siku	[sudut siku-siku]
segmento (m)	segmen	[segmen]
sector (m)	sektor	[sektor]
lado (m)	segi	[segi]
ángulo (m)	sudut	[sudut]

22. Las unidades de medida

peso (m)	berat	[berat]
longitud (f)	panjang	[pandʒʲaŋ]
anchura (f)	lebar	[lebar]
altura (f)	ketinggian	[ketiŋgian]
profundidad (f)	kedalaman	[kedalaman]
volumen (m)	volume, isi	[volume], [isi]
área (f)	luas	[luas]
gramo (m)	gram	[gram]
miligramo (m)	miligram	[miligram]

kilogramo (m)	kilogram	[kilogram]
tonelada (f)	ton	[ton]
libra (f)	pon	[pon]
onza (f)	ons	[ons]

metro (m)	meter	[meter]
milímetro (m)	milimeter	[milimeter]
centímetro (m)	sentimeter	[sentimeter]
kilómetro (m)	kilometer	[kilometer]
milla (f)	mil	[mil]

pulgada (f)	inci	[intʃi]
pie (m)	kaki	[kaki]
yarda (f)	yard	[yard]

| metro (m) cuadrado | meter persegi | [meter pərsegi] |
| hectárea (f) | hektar | [hektar] |

litro (m)	liter	[liter]
grado (m)	derajat	[deradʒiat]
voltio (m)	volt	[volt]
amperio (m)	ampere	[ampere]
caballo (m) de fuerza	tenaga kuda	[tenaga kuda]

cantidad (f)	kuantitas	[kuantitas]
un poco de ...	sedikit ...	[sedikit ...]
mitad (f)	setengah	[seteŋah]
docena (f)	lusin	[lusin]
pieza (f)	buah	[buah]

| dimensión (f) | ukuran | [ukuran] |
| escala (f) (del mapa) | skala | [skala] |

mínimo (adj)	minimal	[minimal]
el más pequeño (adj)	terkecil	[tərketʃil]
medio (adj)	sedang	[sedaŋ]
máximo (adj)	maksimal	[maksimal]
el más grande (adj)	terbesar	[tərbesar]

23. Contenedores

tarro (m) de vidrio	gelas	[gelas]
lata (f)	kaleng	[kaleŋ]
cubo (m)	ember	[ember]
barril (m)	tong	[toŋ]

palangana (f)	baskom	[baskom]
tanque (m)	tangki	[taŋki]
petaca (f) (de alcohol)	pelples	[pelples]
bidón (m) de gasolina	jeriken	[dʒieriken]
cisterna (f)	tangki	[taŋki]

| taza (f) (mug de cerámica) | mangkuk | [maŋkuʔ] |
| taza (f) (~ de café) | cangkir | [tʃaŋkir] |

platillo (m)	alas cangkir	[alas tʃaŋkir]
vaso (m) (~ de agua)	gelas	[gelas]
copa (f) (~ de vino)	gelas anggur	[gelas aŋgur]
olla (f)	panci	[pantʃi]
botella (f)	botol	[botol]
cuello (m) de botella	leher	[leher]
garrafa (f)	karaf	[karaf]
jarro (m) (~ de agua)	kendi	[kendi]
recipiente (m)	wadah	[wadah]
tarro (m)	pot	[pot]
florero (m)	vas	[vas]
frasco (m) (~ de perfume)	botol	[botol]
frasquito (m)	botol kecil	[botol ketʃil]
tubo (m)	tabung	[tabuŋ]
saco (m) (~ de azúcar)	karung	[karuŋ]
bolsa (f) (~ plástica)	kantong	[kantoŋ]
paquete (m) (~ de cigarrillos)	bungkus	[buŋkus]
caja (f)	kotak, kardus	[kotak], [kardus]
cajón (m) (~ de madera)	kotak	[kotaʔ]
cesta (f)	bakul	[bakul]

24. Materiales

material (m)	bahan	[bahan]
madera (f)	kayu	[kaju]
de madera (adj)	kayu	[kaju]
vidrio (m)	kaca	[katʃa]
de vidrio (adj)	kaca	[katʃa]
piedra (f)	batu	[batu]
de piedra (adj)	batu	[batu]
plástico (m)	plastik	[plastiʔ]
de plástico (adj)	plastik	[plastiʔ]
goma (f)	karet	[karet]
de goma (adj)	karet	[karet]
tela (f)	kain	[kain]
de tela (adj)	kain	[kain]
papel (m)	kertas	[kertas]
de papel (adj)	kertas	[kertas]
cartón (m)	karton	[karton]
de cartón (adj)	karton	[karton]
polietileno (m)	polietilena	[polietilena]
celofán (m)	selofana	[selofana]

linóleo (m)	linoleum	[linoleum]
contrachapado (m)	kayu lapis	[kaju lapis]
porcelana (f)	porselen	[porselen]
de porcelana (adj)	porselen	[porselen]
arcilla (f), barro (m)	tanah liat	[tanah liat]
de barro (adj)	gerabah	[gerabah]
cerámica (f)	keramik	[keramiʔ]
de cerámica (adj)	keramik	[keramiʔ]

25. Los metales

metal (m)	logam	[logam]
metálico (adj)	logam	[logam]
aleación (f)	aloi, lakur	[aloy], [lakur]
oro (m)	emas	[emas]
de oro (adj)	emas	[emas]
plata (f)	perak	[peraʔ]
de plata (adj)	perak	[peraʔ]
hierro (m)	besi	[besi]
de hierro (adj)	besi	[besi]
acero (m)	baja	[badʒˈa]
de acero (adj)	baja	[badʒˈa]
cobre (m)	tembaga	[tembaga]
de cobre (adj)	tembaga	[tembaga]
aluminio (m)	aluminium	[aluminium]
de aluminio (adj)	aluminium	[aluminium]
bronce (m)	perunggu	[pərungu]
de bronce (adj)	perunggu	[pərungu]
latón (m)	kuningan	[kuniŋan]
níquel (m)	nikel	[nikel]
platino (m)	platinum	[platinum]
mercurio (m)	air raksa	[air raksa]
estaño (m)	timah	[timah]
plomo (m)	timbal	[timbal]
zinc (m)	seng	[seŋ]

EL SER HUMANO

El ser humano. El cuerpo

26. El ser humano. Conceptos básicos

ser (m) humano	**manusia**	[manusia]
hombre (m) (varón)	**laki-laki, pria**	[laki-laki], [pria]
mujer (f)	**perempuan, wanita**	[pərempuan], [wanita]
niño -a (m, f)	**anak**	[ana']
niña (f)	**anak perempuan**	[ana' pərempuan]
niño (m)	**anak laki-laki**	[ana' laki-laki]
adolescente (m)	**remaja**	[remadʒّa]
viejo, anciano (m)	**lelaki tua**	[lelaki tua]
vieja, anciana (f)	**perempuan tua**	[pərempuan tua]

27. La anatomía humana

organismo (m)	**organisme**	[organisme]
corazón (m)	**jantung**	[dʒّantuŋ]
sangre (f)	**darah**	[darah]
arteria (f)	**arteri, pembuluh darah**	[arteri], [pembuluh darah]
vena (f)	**vena**	[vena]
cerebro (m)	**otak**	[ota']
nervio (m)	**saraf**	[saraf]
nervios (m pl)	**saraf**	[saraf]
vértebra (f)	**ruas**	[ruas]
columna (f) vertebral	**tulang belakang**	[tulaŋ belakaŋ]
estómago (m)	**lambung**	[lambuŋ]
intestinos (m pl)	**usus**	[usus]
intestino (m)	**usus**	[usus]
hígado (m)	**hati**	[hati]
riñón (m)	**ginjal**	[gindʒّal]
hueso (m)	**tulang**	[tulaŋ]
esqueleto (m)	**skelet, rangka**	[skelet], [raŋka]
costilla (f)	**tulang rusuk**	[tulaŋ rusu']
cráneo (m)	**tengkorak**	[teŋkora']
músculo (m)	**otot**	[otot]
bíceps (m)	**bisep**	[bisep]
tríceps (m)	**trisep**	[trisep]
tendón (m)	**tendon**	[tendon]
articulación (f)	**sendi**	[sendi]

pulmones (m pl)	paru-paru	[paru-paru]
genitales (m pl)	kemaluan	[kemaluan]
piel (f)	kulit	[kulit]

28. La cabeza

cabeza (f)	kepala	[kepala]
cara (f)	wajah	[wadʒʲah]
nariz (f)	hidung	[hiduŋ]
boca (f)	mulut	[mulut]

ojo (m)	mata	[mata]
ojos (m pl)	mata	[mata]
pupila (f)	pupil, biji mata	[pupil], [bidʒi mata]
ceja (f)	alis	[alis]
pestaña (f)	bulu mata	[bulu mata]
párpado (m)	kelopak mata	[kelopaʾ mata]

lengua (f)	lidah	[lidah]
diente (m)	gigi	[gigi]
labios (m pl)	bibir	[bibir]
pómulos (m pl)	tulang pipi	[tulaŋ pipi]
encía (f)	gusi	[gusi]
paladar (m)	langit-langit mulut	[laŋit-laŋit mulut]

ventanas (f pl)	lubang hidung	[lubaŋ hiduŋ]
mentón (m)	dagu	[dagu]
mandíbula (f)	rahang	[rahaŋ]
mejilla (f)	pipi	[pipi]

frente (f)	dahi	[dahi]
sien (f)	pelipis	[pelipis]
oreja (f)	telinga	[teliɲa]
nuca (f)	tengkuk	[teŋkuʾ]
cuello (m)	leher	[leher]
garganta (f)	tenggorok	[teŋgoroʾ]

pelo, cabello (m)	rambut	[rambut]
peinado (m)	tatanan rambut	[tatanan rambut]
corte (m) de pelo	potongan rambut	[potoŋan rambut]
peluca (f)	wig, rambut palsu	[wig], [rambut palsu]

bigote (m)	kumis	[kumis]
barba (f)	janggut	[dʒʲaŋgut]
tener (~ la barba)	memelihara	[memelihara]
trenza (f)	kepang	[kepaŋ]
patillas (f pl)	brewok	[brewoʾ]

pelirrojo (adj)	merah pirang	[merah piraŋ]
gris, canoso (adj)	beruban	[bəruban]
calvo (adj)	botak, plontos	[botak], [plontos]
calva (f)	botak	[botaʾ]
cola (f) de caballo	ekor kuda	[ekor kuda]
flequillo (m)	poni rambut	[poni rambut]

29. El cuerpo

mano (f)	**tangan**	[taŋan]
brazo (m)	**lengan**	[leŋan]

dedo (m)	**jari**	[dʒʲari]
dedo (m) del pie	**jari**	[dʒʲari]
dedo (m) pulgar	**jempol**	[dʒʲempol]
dedo (m) meñique	**jari kelingking**	[dʒʲari keliŋkiŋ]
uña (f)	**kuku**	[kuku]

puño (m)	**kepalan tangan**	[kepalan taŋan]
palma (f)	**telapak**	[telapaʔ]
muñeca (f)	**pergelangan**	[pərgelaŋan]
antebrazo (m)	**lengan bawah**	[leŋan bawah]
codo (m)	**siku**	[siku]
hombro (m)	**bahu**	[bahu]

pierna (f)	**kaki**	[kaki]
planta (f)	**telapak kaki**	[telapaʔ kaki]
rodilla (f)	**lutut**	[lutut]
pantorrilla (f)	**betis**	[betis]
cadera (f)	**paha**	[paha]
talón (m)	**tumit**	[tumit]

cuerpo (m)	**tubuh**	[tubuh]
vientre (m)	**perut**	[perut]
pecho (m)	**dada**	[dada]
seno (m)	**payudara**	[pajudara]
lado (m), costado (m)	**rusuk**	[rusuʔ]
espalda (f)	**punggung**	[puŋguŋ]
zona (f) lumbar	**pinggang bawah**	[piŋgaŋ bawah]
cintura (f), talle (m)	**pinggang**	[piŋgaŋ]

ombligo (m)	**pusar**	[pusar]
nalgas (f pl)	**pantat**	[pantat]
trasero (m)	**pantat**	[pantat]

lunar (m)	**tanda lahir**	[tanda lahir]
marca (f) de nacimiento	**tanda lahir**	[tanda lahir]
tatuaje (m)	**tato**	[tato]
cicatriz (f)	**parut luka**	[parut luka]

La ropa y los accesorios

30. La ropa exterior. Los abrigos

ropa (f)	pakaian	[pakajan]
ropa (f) de calle	pakaian luar	[pakajan luar]
ropa (f) de invierno	pakaian musim dingin	[pakajan musim diŋin]
abrigo (m)	mantel	[mantel]
abrigo (m) de piel	mantel bulu	[mantel bulu]
abrigo (m) corto de piel	jaket bulu	[dʒaket bulu]
chaqueta (f) plumón	jaket bulu halus	[dʒaket bulu halus]
cazadora (f)	jaket	[dʒaket]
impermeable (m)	jas hujan	[dʒas hudʒan]
impermeable (adj)	kedap air	[kedap air]

31. Ropa de hombre y mujer

camisa (f)	kemeja	[kemedʒa]
pantalones (m pl)	celana	[tʃelana]
jeans, vaqueros (m pl)	celana jins	[tʃelana dʒins]
chaqueta (f), saco (m)	jas	[dʒas]
traje (m)	setelan	[setelan]
vestido (m)	gaun	[gaun]
falda (f)	rok	[ro']
blusa (f)	blus	[blus]
rebeca (f), chaqueta (f) de punto	jaket wol	[dʒaket wol]
chaqueta (f)	jaket	[dʒaket]
camiseta (f) (T-shirt)	baju kaus	[badʒu kaus]
pantalones (m pl) cortos	celana pendek	[tʃelana pende']
traje (m) deportivo	pakaian olahraga	[pakajan olahraga]
bata (f) de baño	jubah mandi	[dʒubah mandi]
pijama (m)	piyama	[piyama]
suéter (m)	sweter	[sweter]
pulóver (m)	pulover	[pulover]
chaleco (m)	rompi	[rompi]
frac (m)	jas berbuntut	[dʒas bərbuntut]
esmoquin (m)	jas malam	[dʒas malam]
uniforme (m)	seragam	[seragam]
ropa (f) de trabajo	pakaian kerja	[pakajan kerdʒa]
mono (m)	baju monyet	[badʒu monjet]
bata (f) (p. ej. ~ blanca)	jas	[dʒas]

32. La ropa. La ropa interior

ropa (f) interior	pakaian dalam	[pakajan dalam]
bóxer (m)	celana dalam lelaki	[ʧelana dalam lelaki]
bragas (f pl)	celana dalam wanita	[ʧelana dalam wanita]
camiseta (f) interior	singlet	[siŋlet]
calcetines (m pl)	kaus kaki	[kaus kaki]
camisón (m)	baju tidur	[badʒʲu tidur]
sostén (m)	beha	[beha]
calcetines (m pl) altos	kaus kaki selutut	[kaus kaki selutut]
pantimedias (f pl)	pantihos	[pantihos]
medias (f pl)	kaus kaki panjang	[kaus kaki pandʒʲaŋ]
traje (m) de baño	baju renang	[badʒʲu renaŋ]

33. Gorras

gorro (m)	topi	[topi]
sombrero (m) de fieltro	topi bulat	[topi bulat]
gorra (f) de béisbol	topi bisbol	[topi bisbol]
gorra (f) plana	topi pet	[topi pet]
boina (f)	baret	[baret]
capuchón (m)	kerudung kepala	[keruduŋ kepala]
panamá (m)	topi panama	[topi panama]
gorro (m) de punto	topi rajut	[topi radʒʲut]
pañuelo (m)	tudung kepala	[tuduŋ kepala]
sombrero (m) de mujer	topi wanita	[topi wanita]
casco (m) (~ protector)	topi baja	[topi badʒʲa]
gorro (m) de campaña	topi lipat	[topi lipat]
casco (m) (~ de moto)	helm	[helm]
bombín (m)	topi bulat	[topi bulat]
sombrero (m) de copa	topi tinggi	[topi tiŋgi]

34. El calzado

calzado (m)	sepatu	[sepatu]
botas (f pl)	sepatu bot	[sepatu bot]
zapatos (m pl) (~ de tacón bajo)	sepatu wanita	[sepatu wanita]
botas (f pl) altas	sepatu lars	[sepatu lars]
zapatillas (f pl)	pantofel	[pantofel]
tenis (m pl)	sepatu tenis	[sepatu tenis]
zapatillas (f pl) de lona	sepatu kets	[sepatu kets]
sandalias (f pl)	sandal	[sandal]
zapatero (m)	tukang sepatu	[tukaŋ sepatu]
tacón (m)	tumit	[tumit]

par (m)	sepasang	[sepasaŋ]
cordón (m)	tali sepatu	[tali sepatu]
encordonar (vt)	mengikat tali	[məŋikat tali]
calzador (m)	sendok sepatu	[sendoʔ sepatu]
betún (m)	semir sepatu	[semir sepatu]

35. Los textiles. Las telas

algodón (m)	katun	[katun]
de algodón (adj)	katun	[katun]
lino (m)	linen	[linen]
de lino (adj)	linen	[linen]

seda (f)	sutra	[sutra]
de seda (adj)	sutra	[sutra]
lana (f)	wol	[wol]
de lana (adj)	wol	[wol]

terciopelo (m)	beledu	[beledu]
gamuza (f)	suede	[suede]
pana (f)	korduroi	[korduroy]

nilón (m)	nilon	[nilon]
de nilón (adj)	nilon	[nilon]
poliéster (m)	poliester	[poliester]
de poliéster (adj)	poliester	[poliester]

piel (f) (cuero)	kulit	[kulit]
de piel (de cuero)	kulit	[kulit]
piel (f) (~ de zorro, etc.)	kulit berbulu	[kulit bərbulu]
de piel (abrigo ~)	bulu	[bulu]

36. Accesorios personales

guantes (m pl)	sarung tangan	[saruŋ taŋan]
manoplas (f pl)	sarung tangan	[saruŋ taŋan]
bufanda (f)	selendang	[selendaŋ]

gafas (f pl)	kacamata	[katʃamata]
montura (f)	bingkai	[biŋkaj]
paraguas (m)	payung	[pajuŋ]
bastón (m)	tongkat jalan	[toŋkat dʒˈalan]
cepillo (m) de pelo	sikat rambut	[sikat rambut]
abanico (m)	kipas	[kipas]

corbata (f)	dasi	[dasi]
pajarita (f)	dasi kupu-kupu	[dasi kupu-kupu]
tirantes (m pl)	bretel	[bretel]
moquero (m)	sapu tangan	[sapu taŋan]

| peine (m) | sisir | [sisir] |
| pasador (m) de pelo | jepit rambut | [dʒˈepit rambut] |

horquilla (f)	harnal	[harnal]
hebilla (f)	gesper	[gesper]
cinturón (m)	sabuk	[sabuʔ]
correa (f) (de bolso)	tali tas	[tali tas]
bolsa (f)	tas	[tas]
bolso (m)	tas tangan	[tas taŋan]
mochila (f)	ransel	[ransel]

37. La ropa. Miscelánea

moda (f)	mode	[mode]
de moda (adj)	modis	[modis]
diseñador (m) de moda	perancang busana	[pərantʃaŋ busana]
cuello (m)	kerah	[kerah]
bolsillo (m)	saku	[saku]
de bolsillo (adj)	saku	[saku]
manga (f)	lengan	[leŋan]
presilla (f)	tali kait	[tali kait]
bragueta (f)	golbi	[golbi]
cremallera (f)	ritsleting	[ritsletiŋ]
cierre (m)	kancing	[kantʃiŋ]
botón (m)	kancing	[kantʃiŋ]
ojal (m)	lubang kancing	[lubaŋ kantʃiŋ]
saltar (un botón)	terlepas	[tərlepas]
coser (vi, vt)	menjahit	[məndʒˈahit]
bordar (vt)	membordir	[membordir]
bordado (m)	bordiran	[bordiran]
aguja (f)	jarum	[dʒˈarum]
hilo (m)	benang	[benaŋ]
costura (f)	setik	[setiʔ]
ensuciarse (vr)	kena kotor	[kena kotor]
mancha (f)	bercak	[bertʃaʔ]
arrugarse (vr)	kumal	[kumal]
rasgar (vt)	merobek	[merobeʔ]
polilla (f)	ngengat	[ŋeŋat]

38. Productos personales. Cosméticos

pasta (f) de dientes	pasta gigi	[pasta gigi]
cepillo (m) de dientes	sikat gigi	[sikat gigi]
limpiarse los dientes	menggosok gigi	[məŋgosoʔ gigi]
maquinilla (f) de afeitar	pisau cukur	[pisau tʃukur]
crema (f) de afeitar	krim cukur	[krim tʃukur]
afeitarse (vr)	bercukur	[bərtʃukur]
jabón (m)	sabun	[sabun]

champú (m)	sampo	[sampo]
tijeras (f pl)	gunting	[guntiŋ]
lima (f) de uñas	kikir kuku	[kikir kuku]
cortaúñas (m pl)	pemotong kuku	[pəmotoŋ kuku]
pinzas (f pl)	pinset	[pinset]
cosméticos (m pl)	kosmetik	[kosmetiʔ]
mascarilla (f)	masker	[masker]
manicura (f)	manikur	[manikur]
hacer la manicura	melakukan manikur	[melakukan manikur]
pedicura (f)	pedi	[pedi]
bolsa (f) de maquillaje	tas kosmetik	[tas kosmetiʔ]
polvos (m pl)	bedak	[bedaʔ]
polvera (f)	kotak bedak	[kotaʔ bedaʔ]
colorete (m), rubor (m)	perona pipi	[pərona pipi]
perfume (m)	parfum	[parfum]
agua (f) de tocador	minyak wangi	[minjaʔ waŋi]
loción (f)	losion	[losjon]
agua (f) de Colonia	kolonye	[kolone]
sombra (f) de ojos	pewarna mata	[pewarna mata]
lápiz (m) de ojos	pensil alis	[pensil alis]
rímel (m)	celak	[tʃelaʔ]
pintalabios (m)	lipstik	[lipstiʔ]
esmalte (m) de uñas	kuteks, cat kuku	[kuteks], [tʃat kuku]
fijador (m) para el pelo	semprotan rambut	[semprotan rambut]
desodorante (m)	deodoran	[deodoran]
crema (f)	krim	[krim]
crema (f) de belleza	krim wajah	[krim wadʒʲah]
crema (f) de manos	krim tangan	[krim taŋan]
crema (f) antiarrugas	krim antikerut	[krim antikerut]
crema (f) de día	krim siang	[krim siaŋ]
crema (f) de noche	krim malam	[krim malam]
de día (adj)	siang	[siaŋ]
de noche (adj)	malam	[malam]
tampón (m)	tampon	[tampon]
papel (m) higiénico	kertas toilet	[kertas toylet]
secador (m) de pelo	pengering rambut	[pəŋeriŋ rambut]

39. Las joyas

joyas (f pl)	perhiasan	[pərhiasan]
precioso (adj)	mulia, berharga	[mulia], [bərharga]
contraste (m)	tanda kadar	[tanda kadar]
anillo (m)	cincin	[tʃintʃin]
anillo (m) de boda	cincin kawin	[tʃintʃin kawin]
pulsera (f)	gelang	[gelaŋ]
pendientes (m pl)	anting-anting	[antiŋ-antiŋ]

collar (m) (~ de perlas)	kalung	[kaluŋ]
corona (f)	mahkota	[mahkota]
collar (m) de abalorios	kalung manik-manik	[kaluŋ maniˀ-maniˀ]

diamante (m)	berlian	[bərlian]
esmeralda (f)	zamrud	[zamrud]
rubí (m)	batu mirah delima	[batu mirah delima]
zafiro (m)	nilakandi	[nilakandi]
perla (f)	mutiara	[mutiara]
ámbar (m)	batu amber	[batu amber]

40. Los relojes

reloj (m)	arloji	[arlodʒi]
esfera (f)	piringan jam	[piriŋan dʒʲam]
aguja (f)	jarum	[dʒʲarum]
pulsera (f)	rantai arloji	[rantaj arlodʒi]
correa (f) (del reloj)	tali arloji	[tali arlodʒi]

pila (f)	baterai	[bateraj]
descargarse (vr)	mati	[mati]
cambiar la pila	mengganti baterai	[məŋganti bateraj]
adelantarse (vr)	cepat	[tʃepat]
retrasarse (vr)	terlambat	[tərlambat]

reloj (m) de pared	jam dinding	[dʒʲam dindiŋ]
reloj (m) de arena	jam pasir	[dʒʲam pasir]
reloj (m) de sol	jam matahari	[dʒʲam matahari]
despertador (m)	weker	[weker]
relojero (m)	tukang jam	[tukaŋ dʒʲam]
reparar (vt)	mereparasi, memperbaiki	[mereparasi], [memperbajki]

La comida y la nutrición

carne (f)	daging	[dagiŋ]
gallina (f)	ayam	[ajam]
pollo (m)	anak ayam	[ana' ajam]
pato (m)	bebek	[bebe']
ganso (m)	angsa	[aŋsa]
caza (f) menor	binatang buruan	[binataŋ buruan]
pava (f)	kalkun	[kalkun]
carne (f) de cerdo	daging babi	[dagiŋ babi]
carne (f) de ternera	daging anak sapi	[dagiŋ ana' sapi]
carne (f) de carnero	daging domba	[dagiŋ domba]
carne (f) de vaca	daging sapi	[dagiŋ sapi]
conejo (m)	kelinci	[kelintʃi]
salchichón (m)	sosis	[sosis]
salchicha (f)	sosis	[sosis]
beicon (m)	bakon	[beykon]
jamón (m)	ham, daging kornet	[ham], [dagiŋ kornet]
jamón (m) fresco	ham	[ham]
paté (m)	pasta	[pasta]
hígado (m)	hati	[hati]
carne (f) picada	daging giling	[dagiŋ giliŋ]
lengua (f)	lidah	[lidah]
huevo (m)	telur	[telur]
huevos (m pl)	telur	[telur]
clara (f)	putih telur	[putih telur]
yema (f)	kuning telur	[kuniŋ telur]
pescado (m)	ikan	[ikan]
mariscos (m pl)	makanan laut	[makanan laut]
crustáceos (m pl)	krustasea	[krustasea]
caviar (m)	caviar	[kaviar]
cangrejo (m) de mar	kepiting	[kepitiŋ]
camarón (m)	udang	[udaŋ]
ostra (f)	tiram	[tiram]
langosta (f)	lobster berduri	[lobster bərduri]
pulpo (m)	gurita	[gurita]
calamar (m)	cumi-cumi	[tʃumi-tʃumi]
esturión (m)	ikan sturgeon	[ikan sturdʒʲen]
salmón (m)	salmon	[salmon]
fletán (m)	ikan turbot	[ikan turbot]
bacalao (m)	ikan kod	[ikan kod]

caballa (f)	ikan kembung	[ikan kembuŋ]
atún (m)	tuna	[tuna]
anguila (f)	belut	[belut]

trucha (f)	ikan forel	[ikan forel]
sardina (f)	sarden	[sarden]
lucio (m)	ikan pike	[ikan paik]
arenque (m)	ikan haring	[ikan hariŋ]

pan (m)	roti	[roti]
queso (m)	keju	[kedʒʲu]
azúcar (m)	gula	[gula]
sal (f)	garam	[garam]

arroz (m)	beras, nasi	[beras], [nasi]
macarrones (m pl)	makaroni	[makaroni]
tallarines (m pl)	mi	[mi]

mantequilla (f)	mentega	[məntega]
aceite (m) vegetal	minyak nabati	[minja' nabati]
aceite (m) de girasol	minyak bunga matahari	[minja' buŋa matahari]
margarina (f)	margarin	[margarin]

| olivas, aceitunas (f pl) | buah zaitun | [buah zajtun] |
| aceite (m) de oliva | minyak zaitun | [minja' zajtun] |

leche (f)	susu	[susu]
leche (f) condensada	susu kental	[susu kental]
yogur (m)	yogurt	[yogurt]
nata (f) agria	krim asam	[krim asam]
nata (f) líquida	krim, kepala susu	[krim], [kepala susu]

| mayonesa (f) | mayones | [majones] |
| crema (f) de mantequilla | krim | [krim] |

cereales (m pl) integrales	menir	[menir]
harina (f)	tepung	[tepuŋ]
conservas (f pl)	makanan kalengan	[makanan kaleŋan]

copos (m pl) de maíz	emping jagung	[empiŋ dʒʲaguŋ]
miel (f)	madu	[madu]
confitura (f)	selai	[selaj]
chicle (m)	permen karet	[pərmen karet]

42. Las bebidas

agua (f)	air	[air]
agua (f) potable	air minum	[air minum]
agua (f) mineral	air mineral	[air mineral]

sin gas	tanpa gas	[tanpa gas]
gaseoso (adj)	berkarbonasi	[bərkarbonasi]
con gas	bergas	[bərgas]
hielo (m)	es	[es]

con hielo	dengan es	[deŋan es]
sin alcohol	tanpa alkohol	[tanpa alkohol]
bebida (f) sin alcohol	minuman ringan	[minuman riŋan]
refresco (m)	minuman penygar	[minuman penigar]
limonada (f)	limun	[limun]

bebidas (f pl) alcohólicas	minoman beralkohol	[minoman bəralkohol]
vino (m)	anggur	[aŋgur]
vino (m) blanco	anggur putih	[aŋgur putih]
vino (m) tinto	anggur merah	[aŋgur merah]

licor (m)	likeur	[likeur]
champaña (f)	sampanye	[sampanje]
vermú (m)	vermouth	[vermut]

whisky (m)	wiski	[wiski]
vodka (m)	vodka	[vodka]
ginebra (f)	jin, jenewer	[dʒin], [dʒʲenewer]
coñac (m)	konyak	[konjaʔ]
ron (m)	rum	[rum]

café (m)	kopi	[kopi]
café (m) solo	kopi pahit	[kopi pahit]
café (m) con leche	kopi susu	[kopi susu]
capuchino (m)	cappuccino	[kaputʃino]
café (m) soluble	kopi instan	[kopi instan]

leche (f)	susu	[susu]
cóctel (m)	koktail	[koktajl]
batido (m)	susu kocok	[susu kotʃoʔ]

zumo (m), jugo (m)	jus	[dʒʲus]
jugo (m) de tomate	jus tomat	[dʒʲus tomat]
zumo (m) de naranja	jus jeruk	[dʒʲus dʒʲeruʔ]
zumo (m) fresco	jus peras	[dʒʲus pəras]

cerveza (f)	bir	[bir]
cerveza (f) rubia	bir putih	[bir putih]
cerveza (f) negra	bir hitam	[bir hitam]

té (m)	teh	[teh]
té (m) negro	teh hitam	[teh hitam]
té (m) verde	teh hijau	[teh hidʒʲau]

43. Las verduras

| legumbres (f pl) | sayuran | [sajuran] |
| verduras (f pl) | sayuran hijau | [sajuran hidʒʲau] |

tomate (m)	tomat	[tomat]
pepino (m)	mentimun, ketimun	[məntimun], [ketimun]
zanahoria (f)	wortel	[wortel]
patata (f)	kentang	[kentaŋ]
cebolla (f)	bawang	[bawaŋ]

ajo (m)	bawang putih	[bawaŋ putih]
col (f)	kol	[kol]
coliflor (f)	kembang kol	[kembaŋ kol]
col (f) de Bruselas	kol Brussels	[kol brusels]
brócoli (m)	brokoli	[brokoli]

remolacha (f)	ubi bit merah	[ubi bit merah]
berenjena (f)	terung, terong	[teruŋ], [teroŋ]
calabacín (m)	labu siam	[labu siam]
calabaza (f)	labu	[labu]
nabo (m)	turnip	[turnip]

perejil (m)	peterseli	[peterseli]
eneldo (m)	adas sowa	[adas sowa]
lechuga (f)	selada	[selada]
apio (m)	seledri	[seledri]
espárrago (m)	asparagus	[asparagus]
espinaca (f)	bayam	[bajam]

guisante (m)	kacang polong	[katʃaŋ poloŋ]
habas (f pl)	kacang-kacangan	[katʃaŋ-katʃaŋan]
maíz (m)	jagung	[dʒˈaguŋ]
fréjol (m)	kacang buncis	[katʃaŋ buntʃis]

pimiento (m) dulce	cabai	[tʃabaj]
rábano (m)	radis	[radis]
alcachofa (f)	artisyok	[artiʃoˀ]

44. Las frutas. Las nueces

fruto (m)	buah	[buah]
manzana (f)	apel	[apel]
pera (f)	pir	[pir]
limón (m)	jeruk sitrun	[dʒˈeruˀ sitrun]
naranja (f)	jeruk manis	[dʒˈeruˀ manis]
fresa (f)	stroberi	[stroberi]

mandarina (f)	jeruk mandarin	[dʒˈeruˀ mandarin]
ciruela (f)	plum	[plum]
melocotón (m)	persik	[persiˀ]
albaricoque (m)	aprikot	[aprikot]
frambuesa (f)	buah frambus	[buah frambus]
piña (f)	nanas	[nanas]

banana (f)	pisang	[pisaŋ]
sandía (f)	semangka	[semaŋka]
uva (f)	buah anggur	[buah aŋgur]
guinda (f)	buah ceri asam	[buah tʃeri asam]
cereza (f)	buah ceri manis	[buah tʃeri manis]
melón (m)	melon	[melon]

pomelo (m)	jeruk Bali	[dʒˈeruˀ bali]
aguacate (m)	avokad	[avokad]
papaya (f)	pepaya	[pepaja]

| mango (m) | mangga | [maŋga] |
| granada (f) | buah delima | [buah delima] |

grosella (f) roja	redcurrant	[redkaren]
grosella (f) negra	blackcurrant	[ble'karen]
grosella (f) espinosa	buah arbei hijau	[buah arbei hiʤɪau]
arándano (m)	buah bilberi	[buah bilberi]
zarzamoras (f pl)	beri hitam	[beri hitam]

pasas (f pl)	kismis	[kismis]
higo (m)	buah ara	[buah ara]
dátil (m)	buah kurma	[buah kurma]

cacahuete (m)	kacang tanah	[katʃaŋ tanah]
almendra (f)	badam	[badam]
nuez (f)	buah walnut	[buah walnut]
avellana (f)	kacang hazel	[katʃaŋ hazel]
nuez (f) de coco	buah kelapa	[buah kelapa]
pistachos (m pl)	badam hijau	[badam hiʤɪau]

45. El pan. Los dulces

pasteles (m pl)	kue-mue	[kue-mue]
pan (m)	roti	[roti]
galletas (f pl)	biskuit	[biskuit]

chocolate (m)	cokelat	[tʃokelat]
de chocolate (adj)	cokelat	[tʃokelat]
caramelo (m)	permen	[pərmen]
tarta (f) (pequeña)	kue	[kue]
tarta (f) (~ de cumpleaños)	kue tar	[kue tar]

| tarta (f) (~ de manzana) | pai | [pai] |
| relleno (m) | inti | [inti] |

confitura (f)	selai buah utuh	[selaj buah utuh]
mermelada (f)	marmelade	[marmelade]
gofre (m)	wafel	[wafel]
helado (m)	es krim	[es krim]
pudin (m)	puding	[pudiŋ]

46. Los platos

plato (m)	masakan, hidangan	[masakan], [hidaŋan]
cocina (f)	masakan	[masakan]
receta (f)	resep	[resep]
porción (f)	porsi	[porsi]

ensalada (f)	salada	[salada]
sopa (f)	sup	[sup]
caldo (m)	kaldu	[kaldu]
bocadillo (m)	roti lapis	[roti lapis]

huevos (m pl) fritos	**telur mata sapi**	[telur mata sapi]
hamburguesa (f)	**hamburger**	[hamburger]
bistec (m)	**bistik**	[bistiʔ]
guarnición (f)	**lauk**	[lauʔ]
espagueti (m)	**spageti**	[spageti]
puré (m) de patatas	**kentang tumbuk**	[kentaŋ tumbuʔ]
pizza (f)	**piza**	[piza]
gachas (f pl)	**bubur**	[bubur]
tortilla (f) francesa	**telur dadar**	[telur dadar]
cocido en agua (adj)	**rebus**	[rebus]
ahumado (adj)	**asap**	[asap]
frito (adj)	**goreng**	[goreŋ]
seco (adj)	**kering**	[keriŋ]
congelado (adj)	**beku**	[beku]
marinado (adj)	**marinade**	[marinade]
azucarado, dulce (adj)	**manis**	[manis]
salado (adj)	**asin**	[asin]
frío (adj)	**dingin**	[diŋin]
caliente (adj)	**panas**	[panas]
amargo (adj)	**pahit**	[pahit]
sabroso (adj)	**enak**	[enaʔ]
cocer en agua	**merebus**	[merebus]
preparar (la cena)	**memasak**	[memasaʔ]
freír (vt)	**menggoreng**	[məŋgoreŋ]
calentar (vt)	**memanaskan**	[memanaskan]
salar (vt)	**menggarami**	[məŋgarami]
poner pimienta	**membubuh merica**	[membubuh meritʃa]
rallar (vt)	**memarut**	[memarut]
piel (f)	**kulit**	[kulit]
pelar (vt)	**mengupas**	[məŋupas]

47. Las especias

sal (f)	**garam**	[garam]
salado (adj)	**asin**	[asin]
salar (vt)	**menggarami**	[məŋgarami]
pimienta (f) negra	**merica**	[meritʃa]
pimienta (f) roja	**cabai merah**	[tʃabaj merah]
mostaza (f)	**mustar**	[mustar]
rábano (m) picante	**lobak pedas**	[lobaʔ pedas]
condimento (m)	**bumbu**	[bumbu]
especia (f)	**rempah-rempah**	[rempah-rempah]
salsa (f)	**saus**	[saus]
vinagre (m)	**cuka**	[tʃuka]
anís (m)	**adas manis**	[adas manis]
albahaca (f)	**selasih**	[selasih]

clavo (m)	cengkih	[tʃeŋkih]
jengibre (m)	jahe	[dʒʲahe]
cilantro (m)	ketumbar	[ketumbar]
canela (f)	kayu manis	[kaju manis]

sésamo (m)	wijen	[widʒʲen]
hoja (f) de laurel	daun salam	[daun salam]
paprika (f)	cabai	[tʃabaj]
comino (m)	jintan	[dʒintan]
azafrán (m)	kuma-kuma	[kuma-kuma]

48. Las comidas

| comida (f) | makanan | [makanan] |
| comer (vi, vt) | makan | [makan] |

desayuno (m)	makan pagi, sarapan	[makan pagi], [sarapan]
desayunar (vi)	sarapan	[sarapan]
almuerzo (m)	makan siang	[makan siaŋ]
almorzar (vi)	makan siang	[makan siaŋ]
cena (f)	makan malam	[makan malam]
cenar (vi)	makan malam	[makan malam]

| apetito (m) | nafsu makan | [nafsu makan] |
| ¡Que aproveche! | Selamat makan! | [selamat makan!] |

| abrir (vt) | membuka | [membuka] |
| derramar (líquido) | menumpahkan | [mənumpahkan] |

hervir (vi)	mendidih	[məndidih]
hervir (vt)	mendidihkan	[məndidihkan]
hervido (agua ~a)	masak	[masaʔ]

| enfriar (vt) | mendinginkan | [məndiŋinkan] |
| enfriarse (vr) | mendingin | [məndiŋin] |

| sabor (m) | rasa | [rasa] |
| regusto (m) | nuansa rasa | [nuansa rasa] |

adelgazar (vi)	berdiet	[berdiet]
dieta (f)	diet, pola makan	[diet], [pola makan]
vitamina (f)	vitamin	[vitamin]
caloría (f)	kalori	[kalori]

| vegetariano (m) | vegetarian | [vegetarian] |
| vegetariano (adj) | vegetarian | [vegetarian] |

grasas (f pl)	lemak	[lemaʔ]
proteínas (f pl)	protein	[protein]
carbohidratos (m pl)	karbohidrat	[karbohidrat]

loncha (f)	irisan	[irisan]
pedazo (m)	potongan	[potoŋan]
miga (f)	remah	[remah]

49. Los cubiertos

cuchara (f)	sendok	[sendoʔ]
cuchillo (m)	pisau	[pisau]
tenedor (m)	garpu	[garpu]

taza (f)	cangkir	[ʧaŋkir]
plato (m)	piring	[piriŋ]
platillo (m)	alas cangkir	[alas ʧaŋkir]
servilleta (f)	serbet	[serbet]
mondadientes (m)	tusuk gigi	[tusuʔ gigi]

50. El restaurante

restaurante (m)	restoran	[restoran]
cafetería (f)	warung kopi	[waruŋ kopi]
bar (m)	bar	[bar]
salón (m) de té	warung teh	[waruŋ teh]

camarero (m)	pelayan lelaki	[pelajan lelaki]
camarera (f)	pelayan perempuan	[pelajan perempuan]
barman (m)	pelayan bar	[pelajan bar]

carta (f), menú (m)	menu	[menu]
carta (f) de vinos	daftar anggur	[daftar aŋgur]
reservar una mesa	memesan meja	[memesan medʒʲa]

plato (m)	masakan, hidangan	[masakan], [hidaŋan]
pedir (vt)	memesan	[memesan]
hacer un pedido	memesan	[memesan]

aperitivo (m)	aperitif	[aperitif]
entremés (m)	makanan ringan	[makanan riŋan]
postre (m)	hidangan penutup	[hidaŋan penutup]

cuenta (f)	bon	[bon]
pagar la cuenta	membayar bon	[membajar bon]
dar la vuelta	memberikan uang kembalian	[memberikan uaŋ kembalian]

| propina (f) | tip | [tip] |

La familia nuclear, los parientes y los amigos

51. La información personal. Los formularios

nombre (m)	nama, nama depan	[nama], [nama depan]
apellido (m)	nama keluarga	[nama keluarga]
fecha (f) de nacimiento	tanggal lahir	[taŋgal lahir]
lugar (m) de nacimiento	tempat lahir	[tempat lahir]
nacionalidad (f)	kebangsaan	[kebaŋsaʔan]
domicilio (m)	tempat tinggal	[tempat tiŋgal]
país (m)	negara, negeri	[negara], [negeri]
profesión (f)	profesi	[profesi]
sexo (m)	jenis kelamin	[dʒ¡enis kelamin]
estatura (f)	tinggi badan	[tiŋgi badan]
peso (m)	berat	[berat]

52. Los familiares. Los parientes

madre (f)	ibu	[ibu]
padre (m)	ayah	[ajah]
hijo (m)	anak lelaki	[anaʔ lelaki]
hija (f)	anak perempuan	[anaʔ pərempuan]
hija (f) menor	anak perempuan bungsu	[anaʔ pərempuan buŋsu]
hijo (m) menor	anak lelaki bungsu	[anaʔ lelaki buŋsu]
hija (f) mayor	anak perempuan sulung	[anaʔ pərempuan suluŋ]
hijo (m) mayor	anak lelaki sulung	[anaʔ lelaki suluŋ]
hermano (m)	saudara lelaki	[saudara lelaki]
hermano (m) mayor	kakak lelaki	[kakaʔ lelaki]
hermano (m) menor	adik lelaki	[adiʔ lelaki]
hermana (f)	saudara perempuan	[saudara pərempuan]
hermana (f) mayor	kakak perempuan	[kakaʔ pərempuan]
hermana (f) menor	adik perempuan	[adiʔ pərempuan]
primo (m)	sepupu lelaki	[sepupu lelaki]
prima (f)	sepupu perempuan	[sepupu pərempuan]
mamá (f)	mama, ibu	[mama], [ibu]
papá (m)	papa, ayah	[papa], [ajah]
padres (pl)	orang tua	[oraŋ tua]
niño -a (m, f)	anak	[anaʔ]
niños (pl)	anak-anak	[anaʔ-anaʔ]
abuela (f)	nenek	[neneʔ]
abuelo (m)	kakek	[kakeʔ]

nieto (m)	cucu laki-laki	[tʃutʃu laki-laki]
nieta (f)	cucu perempuan	[tʃutʃu pərempuan]
nietos (pl)	cucu	[tʃutʃu]

tío (m)	paman	[paman]
tía (f)	bibi	[bibi]
sobrino (m)	keponakan laki-laki	[keponakan laki-laki]
sobrina (f)	keponakan perempuan	[keponakan pərempuan]

suegra (f)	ibu mertua	[ibu mertua]
suegro (m)	ayah mertua	[ajah mertua]
yerno (m)	menantu laki-laki	[mənantu laki-laki]
madrastra (f)	ibu tiri	[ibu tiri]
padrastro (m)	ayah tiri	[ajah tiri]

niño (m) de pecho	bayi	[baji]
bebé (m)	bayi	[baji]
chico (m)	bocah cilik	[botʃah tʃili']

mujer (f)	istri	[istri]
marido (m)	suami	[suami]
esposo (m)	suami	[suami]
esposa (f)	istri	[istri]

casado (adj)	menikah, beristri	[mənikah], [bəristri]
casada (adj)	menikah, bersuami	[mənikah], [bərsuami]
soltero (adj)	bujang	[budʒ'aŋ]
soltero (m)	bujang	[budʒ'aŋ]
divorciado (adj)	bercerai	[bərtʃeraj]
viuda (f)	janda	[dʒ'anda]
viudo (m)	duda	[duda]

pariente (m)	kerabat	[kerabat]
pariente (m) cercano	kerabat dekat	[kerabat dekat]
pariente (m) lejano	kerabat jauh	[kerabat dʒ'auh]
parientes (pl)	kerabat, sanak saudara	[kerabat], [sana' saudara]

huérfano (m), huérfana (f)	yatim piatu	[yatim piatu]
tutor (m)	wali	[wali]
adoptar (un niño)	mengadopsi	[məŋadopsi]
adoptar (una niña)	mengadopsi	[məŋadopsi]

53. Los amigos. Los compañeros del trabajo

amigo (m)	sahabat	[sahabat]
amiga (f)	sahabat	[sahabat]
amistad (f)	persahabatan	[pərsahabatan]
ser amigo	bersahabat	[bərsahabat]

amigote (m)	teman	[teman]
amiguete (f)	teman	[teman]
compañero (m)	mitra	[mitra]
jefe (m)	atasan	[atasan]
superior (m)	atasan	[atasan]

propietario (m)	pemilik	[pemili']
subordinado (m)	bawahan	[bawahan]
colega (m, f)	kolega	[kolega]

conocido (m)	kenalan	[kenalan]
compañero (m) de viaje	rekan seperjalanan	[rekan seperdʒ'alanan]
condiscípulo (m)	teman sekelas	[teman sekelas]

vecino (m)	tetangga	[tetaŋga]
vecina (f)	tetangga	[tetaŋga]
vecinos (pl)	para tetangga	[para tetaŋga]

54. El hombre. La mujer

mujer (f)	perempuan, wanita	[pərempuan], [wanita]
muchacha (f)	gadis	[gadis]
novia (f)	mempelai perempuan	[mempelaj pərempuan]

guapa (adj)	cantik	[ʧanti']
alta (adj)	tinggi	[tiŋgi]
esbelta (adj)	ramping	[rampiŋ]
de estatura mediana	pendek	[pende']

| rubia (f) | orang berambut pirang | [oraŋ bərambut piraŋ] |
| morena (f) | orang berambut cokelat | [oraŋ bərambut ʧokelat] |

de señora (adj)	wanita	[wanita]
virgen (f)	perawan	[pərawan]
embarazada (adj)	hamil	[hamil]

hombre (m) (varón)	laki-laki, pria	[laki-laki], [pria]
rubio (m)	orang berambut pirang	[oraŋ bərambut piraŋ]
moreno (m)	orang berambut cokelat	[oraŋ bərambut ʧokelat]
alto (adj)	tinggi	[tiŋgi]
de estatura mediana	pendek	[pende']

grosero (adj)	kasar	[kasar]
rechoncho (adj)	kekar	[kekar]
robusto (adj)	tegap	[tegap]
fuerte (adj)	kuat	[kuat]
fuerza (f)	kekuatan	[kekuatan]

gordo (adj)	gemuk	[gemu']
moreno (adj)	berkulit hitam	[bərkulit hitam]
esbelto (adj)	ramping	[rampiŋ]
elegante (adj)	anggun	[aŋgun]

55. La edad

edad (f)	umur	[umur]
juventud (f)	usia muda	[usia muda]
joven (adj)	muda	[muda]

| menor (adj) | lebih muda | [lebih muda] |
| mayor (adj) | lebih tua | [lebih tua] |

joven (m)	pemuda	[pemuda]
adolescente (m)	remaja	[remadʒia]
muchacho (m)	cowok	[tʃowoʔ]

| anciano (m) | lelaki tua | [lelaki tua] |
| anciana (f) | perempuan tua | [pərempuan tua] |

adulto	dewasa	[dewasa]
de edad media (adj)	paruh baya	[paruh baja]
anciano, mayor (adj)	lansia	[lansia]
viejo (adj)	tua	[tua]

jubilación (f)	pensiun	[pensiun]
jubilarse	pensiun	[pensiun]
jubilado (m)	pensiunan	[pensiunan]

56. Los niños

niño -a (m, f)	anak	[anaʔ]
niños (pl)	anak-anak	[anaʔ-anaʔ]
gemelos (pl)	kembar	[kembar]

cuna (f)	buaian	[buaian]
sonajero (m)	ocehan	[otʃehan]
pañal (m)	popok	[popoʔ]

chupete (m)	dot	[dot]
cochecito (m)	kereta bayi	[kereta baji]
jardín (m) de infancia	taman kanak-kanak	[taman kanaʔ-kanaʔ]
niñera (f)	pengasuh anak	[peŋasuh anaʔ]

infancia (f)	masa kanak-kanak	[masa kanaʔ-kanaʔ]
muñeca (f)	boneka	[boneka]
juguete (m)	mainan	[majnan]
mecano (m)	alat permainan bongkah	[alat pərmajnan boŋkah]

bien criado (adj)	beradab	[bəradab]
mal criado (adj)	biadab	[biadab]
mimado (adj)	manja	[mandʒia]

hacer travesuras	nakal	[nakal]
travieso (adj)	nakal	[nakal]
travesura (f)	kenakalan	[kenakalan]
travieso (m)	anak nakal	[anaʔ nakal]

| obediente (adj) | patuh | [patuh] |
| desobediente (adj) | tidak patuh | [tidaʔ patuh] |

dócil (adj)	penurut	[penurut]
inteligente (adj)	pandai, pintar	[pandaj], [pintar]
niño (m) prodigio	anak ajaib	[anaʔ adʒiajb]

57. El matrimonio. La vida familiar

besar (vt)	mencium	[mənʧium]
besarse (vr)	berciuman	[bərʧiuman]
familia (f)	keluarga	[keluarga]
familiar (adj)	keluarga	[keluarga]
pareja (f)	pasangan	[pasaŋan]
matrimonio (m)	pernikahan	[pərnikahan]
hogar (m) familiar	rumah tangga	[rumah taŋga]
dinastía (f)	dinasti	[dinasti]
cita (f)	kencan	[kenʧan]
beso (m)	ciuman	[ʧiuman]
amor (m)	cinta	[ʧinta]
querer (amar)	mencintai	[mənʧintaj]
querido (adj)	kekasih	[kekasih]
ternura (f)	kelembutan	[kelembutan]
tierno (afectuoso)	lembut	[lembut]
fidelidad (f)	kesetiaan	[kesetia'an]
fiel (adj)	setia	[setia]
cuidado (m)	perhatian	[pərhatian]
cariñoso (un padre ~)	penuh perhatian	[penuh pərhatian]
recién casados (pl)	pengantin baru	[peŋantin baru]
luna (f) de miel	bulan madu	[bulan madu]
estar casada	menikah, bersuami	[mənikah], [bərsuami]
casarse (con una mujer)	menikah, beristri	[mənikah], [bəristri]
boda (f)	pernikahan	[pərnikahan]
bodas (f pl) de oro	pernikahan emas	[pərnikahan emas]
aniversario (m)	hari jadi, HUT	[hari dʒ'adi], [ha-u-te]
amante (m)	pria idaman lain	[pria idaman lajn]
amante (f)	wanita idaman lain	[wanita idaman lajn]
adulterio (m)	perselingkuhan	[pərseliŋkuhan]
cometer adulterio	berselingkuh dari ...	[bərseliŋkuh dari ...]
celoso (adj)	cemburu	[ʧemburu]
tener celos	cemburu	[ʧemburu]
divorcio (m)	perceraian	[pərʧerajan]
divorciarse (vr)	bercerai	[bərʧeraj]
reñir (vi)	bertengkar	[bərteŋkar]
reconciliarse (vr)	berdamai	[bərdamaj]
juntos (adv)	bersama	[bərsama]
sexo (m)	seks	[seks]
felicidad (f)	kebahagiaan	[kebahagia'an]
feliz (adj)	berbahagia	[bərbahagia]
desgracia (f)	kemalangan	[kemalaŋan]
desgraciado (adj)	malang	[malaŋ]

Las características de personalidad. Los sentimientos

sentimiento (m)	perasaan	[perasa'an]
sentimientos (m pl)	perasaan	[perasa'an]
sentir (vt)	merasa	[merasa]
hambre (f)	kelaparan	[kelaparan]
tener hambre	lapar	[lapar]
sed (f)	kehausan	[kehausan]
tener sed	haus	[haus]
somnolencia (f)	kantuk	[kantu']
tener sueño	mengantuk	[menantu']
cansancio (m)	rasa lelah	[rasa lelah]
cansado (adj)	lelah	[lelah]
estar cansado	lelah	[lelah]
humor (m) (de buen ~)	suasana hati	[suasana hati]
aburrimiento (m)	kebosanan	[kebosanan]
aburrirse (vr)	bosan	[bosan]
soledad (f)	kesendirian	[kesendirian]
aislarse (vr)	menyendiri	[menjendiri]
inquietar (vt)	membuat khawatir	[membuat hawatir]
inquietarse (vr)	khawatir	[hawatir]
inquietud (f)	kekhawatiran	[kehawatiran]
preocupación (f)	kegelisahan	[kegelisahan]
preocupado (adj)	prihatin	[prihatin]
estar nervioso	gugup, gelisah	[gugup], [gelisah]
darse al pánico	panik	[pani']
esperanza (f)	harapan	[harapan]
esperar (tener esperanza)	berharap	[berharap]
seguridad (f)	kepastian	[kepastian]
seguro (adj)	pasti	[pasti]
inseguridad (f)	ketidakpastian	[ketidakpastian]
inseguro (adj)	tidak pasti	[tida' pasti]
borracho (adj)	mabuk	[mabu']
sobrio (adj)	sadar, tidak mabuk	[sadar], [tida' mabu']
débil (adj)	lemah	[lemah]
feliz (adj)	berbahagia	[berbahagia]
asustar (vt)	menakuti	[menakuti]
furia (f)	kemarahan	[kemarahan]
rabia (f)	kemarahan	[kemarahan]
depresión (f)	depresi	[depresi]
incomodidad (f)	ketidaknyamanan	[ketidaknjamanan]

comodidad (f)	kenyamanan	[kenjamanan]
arrepentirse (vr)	menyesal	[mənjesal]
arrepentimiento (m)	penyesalan	[penjesalan]
mala suerte (f)	kesialan	[kesialan]
tristeza (f)	kekesalan	[kekesalan]
vergüenza (f)	rasa malu	[rasa malu]
júbilo (m)	kegirangan	[kegiraŋan]
entusiasmo (m)	antusiasme	[antusiasme]
entusiasta (m)	antusias	[antusias]
mostrar entusiasmo	memperlihatkan antusiasme	[memperlihatkan antusiasme]

59. El carácter. La personalidad

carácter (m)	watak	[wataʔ]
defecto (m)	kepincangan	[kepintʃaŋan]
mente (f)	otak	[otaʔ]
razón (f)	akal	[akal]
consciencia (f)	nurani	[nurani]
hábito (m)	kebiasaan	[kebiasa'an]
habilidad (f)	kemampuan, bakat	[kemampuan], [bakat]
poder (~ nadar, etc.)	dapat	[dapat]
paciente (adj)	sabar	[sabar]
impaciente (adj)	tidak sabar	[tida' sabar]
curioso (adj)	ingin tahu	[iŋin tahu]
curiosidad (f)	rasa ingin tahu	[rasa iŋin tahu]
modestia (f)	kerendahan hati	[kerendahan hati]
modesto (adj)	rendah hati	[rendah hati]
inmodesto (adj)	tidak tahu malu	[tida' tahu malu]
pereza (f)	kemalasan	[kemalasan]
perezoso (adj)	malas	[malas]
perezoso (m)	pemalas	[pemalas]
astucia (f)	kelicikan	[kelitʃikan]
astuto (adj)	licik	[litʃiʔ]
desconfianza (f)	ketidakpercayaan	[ketidakpertʃaja'an]
desconfiado (adj)	tidak percaya	[tida' pertʃaja]
generosidad (f)	kemurahan hati	[kemurahan hati]
generoso (adj)	murah hati	[murah hati]
talentoso (adj)	berbakat	[bərbakat]
talento (m)	bakat	[bakat]
valiente (adj)	berani	[bərani]
coraje (m)	keberanian	[keberanian]
honesto (adj)	jujur	[dʒʲudʒʲur]
honestidad (f)	kejujuran	[kedʒʲudʒʲuran]
prudente (adj)	berhati-hati	[bərhati-hati]
valeroso (adj)	berani	[bərani]

serio (adj)	**serius**	[serius]
severo (adj)	**keras**	[keras]
decidido (adj)	**tegas**	[tegas]
indeciso (adj)	**ragu-ragu**	[ragu-ragu]
tímido (adj)	**malu**	[malu]
timidez (f)	**sifat pemalu**	[sifat pemalu]
confianza (f)	**kepercayaan**	[kepertʃaja'an]
creer (créeme)	**percaya**	[pərtʃaja]
confiado (crédulo)	**mudah percaya**	[mudah pərtʃaja]
sinceramente (adv)	**ikhlas**	[ihlas]
sincero (adj)	**ikhlas**	[ihlas]
sinceridad (f)	**keikhlasan**	[keihlasan]
abierto (adj)	**terbuka**	[tərbuka]
calmado (adj)	**tenang**	[tenaŋ]
franco (sincero)	**terus terang**	[terus təraŋ]
ingenuo (adj)	**naif**	[naif]
distraído (adj)	**lalai**	[lalaj]
gracioso (adj)	**lucu**	[lutʃu]
avaricia (f)	**kerakusan**	[kerakusan]
avaro (adj)	**rakus**	[rakus]
tacaño (adj)	**pelit, kikir**	[pelit], [kikir]
malvado (adj)	**jahat**	[dʒ'ahat]
terco (adj)	**keras kepala, degil**	[keras kepala], [degil]
desagradable (adj)	**tidak menyenangkan**	[tida' menjenaŋkan]
egoísta (m)	**egois**	[egois]
egoísta (adj)	**egoistis**	[egoistis]
cobarde (m)	**penakut**	[penakut]
cobarde (adj)	**penakut**	[penakut]

60. El sueño. Los sueños

dormir (vi)	**tidur**	[tidur]
sueño (m) (estado)	**tidur**	[tidur]
sueño (m) (dulces ~s)	**mimpi**	[mimpi]
soñar (vi)	**bermimpi**	[bərmimpi]
adormilado (adj)	**mengantuk**	[məŋantu']
cama (f)	**ranjang**	[randʒ'aŋ]
colchón (m)	**kasur**	[kasur]
manta (f)	**selimut**	[selimut]
almohada (f)	**bantal**	[bantal]
sábana (f)	**seprai**	[sepraj]
insomnio (m)	**insomnia**	[insomnia]
de insomnio (adj)	**tanpa tidur**	[tanpa tidur]
somnífero (m)	**obat tidur**	[obat tidur]
tomar el somnífero	**meminum obat tidur**	[meminum obat tidur]
tener sueño	**mengantuk**	[məŋantu']

bostezar (vi)	menguap	[məŋuap]
irse a la cama	tidur	[tidur]
hacer la cama	menyiapkan ranjang	[mənjiapkan randʒian]
dormirse (vr)	tertidur	[tərtidur]

pesadilla (f)	mimpi buruk	[mimpi buruʔ]
ronquido (m)	dengkuran	[deŋkuran]
roncar (vi)	berdengkur	[bərdeŋkur]

despertador (m)	weker	[weker]
despertar (vt)	membangunkan	[membaŋunkan]
despertarse (vr)	bangun	[baŋun]
levantarse (vr)	bangun	[baŋun]
lavarse (vr)	mencuci muka	[mənʧuʧi muka]

61. El humor. La risa. La alegría

humor (m)	humor	[humor]
sentido (m) del humor	rasa humor	[rasa humor]
divertirse (vr)	bersukaria	[bərsukaria]
alegre (adj)	riang, gembira	[riaŋ], [gembira]
júbilo (m)	keriangan, kegembiraan	[keriaŋan], [kegembiraʔan]

sonrisa (f)	senyuman	[senyuman]
sonreír (vi)	tersenyum	[tərsenyum]
echarse a reír	tertawa	[tərtawa]
reírse (vr)	tertawa	[tərtawa]
risa (f)	gelak tawa	[gelaʔ tawa]

anécdota (f)	anekdot, lelucon	[anekdot], [leluʧon]
gracioso (adj)	lucu	[luʧu]
ridículo (adj)	lucu	[luʧu]

bromear (vi)	bergurau	[bərgurau]
broma (f)	lelucon	[leluʧon]
alegría (f) (emoción)	kegembiraan	[kegembiraʔan]
alegrarse (vr)	bergembira	[bərgembira]
alegre (~ de que ...)	gembira	[gembira]

62. La discusión y la conversación. Unidad 1

| comunicación (f) | komunikasi | [komunikasi] |
| comunicarse (vr) | berkomunikasi | [bərkomunikasi] |

conversación (f)	pembicaraan	[pembitʃaraʔan]
diálogo (m)	dialog	[dialog]
discusión (f) (debate)	diskusi	[diskusi]
debate (m)	perdebatan	[pərdebatan]
debatir (vi)	berdebat	[bərdebat]

| interlocutor (m) | lawan bicara | [lawan biʧara] |
| tema (m) | topik, tema | [topik], [tema] |

punto (m) de vista	sudut pandang	[sudut pandaŋ]
opinión (f)	opini, pendapat	[opini], [pendapat]
discurso (m)	pidato, tuturan	[pidato], [tuturan]

discusión (f) (del informe, etc.)	pembicaraan	[pembitʃara'an]
discutir (vt)	membicarakan	[membitʃarakan]
conversación (f)	pembicaraan	[pembitʃara'an]
conversar (vi)	berbicara	[bərbitʃara]
reunión (f)	pertemuan	[pərtemuan]
encontrarse (vr)	bertemu	[bərtemu]

proverbio (m)	peribahasa	[pəribahasa]
dicho (m)	peribahasa	[pəribahasa]
adivinanza (f)	teka-teki	[teka-teki]
contar una adivinanza	memberi teka-teki	[memberi teka-teki]
contraseña (f)	kata sandi	[kata sandi]
secreto (m)	rahasia	[rahasia]

juramento (m)	sumpah	[sumpah]
jurar (vt)	bersumpah	[bərsumpah]
promesa (f)	janji	[dʒ'andʒi]
prometer (vt)	berjanji	[bərdʒ'andʒi]

consejo (m)	nasihat	[nasihat]
aconsejar (vt)	menasihati	[mənasihati]
seguir el consejo	mengikuti nasihat	[məŋikuti nasihat]
escuchar (a los padres)	mendengar ...	[məndeŋar ...]

noticias (f pl)	berita	[berita]
sensación (f)	sensasi	[sensasi]
información (f)	data, informasi	[data], [informasi]
conclusión (f)	kesimpulan	[kesimpulan]
voz (f)	suara	[suara]
cumplido (m)	pujian	[pudʒian]
amable (adj)	ramah	[ramah]

palabra (f)	kata	[kata]
frase (f)	frasa	[frasa]
respuesta (f)	jawaban	[dʒ'awaban]

| verdad (f) | kebenaran | [kebenaran] |
| mentira (f) | kebohongan | [kebohoŋan] |

pensamiento (m)	pikiran	[pikiran]
idea (f)	ide	[ide]
fantasía (f)	fantasi	[fantasi]

63. La discusión y la conversación. Unidad 2

respetado (adj)	terhormat	[tərhormat]
respetar (vt)	menghormati	[məŋhormati]
respeto (m)	penghormatan	[peŋhormatan]
Estimado ...	Yth. ... (Yang Terhormat)	[yaŋ tərhormat]
presentar (~ a sus padres)	memperkenalkan	[memperkenalkan]

conocer a alguien	**berkenalan**	[bərkenalan]
intención (f)	**niat**	[niat]
tener intención (de ...)	**berniat**	[bərniat]
deseo (m)	**pengharapan**	[peŋharapan]
desear (vt) (~ buena suerte)	**mengharapkan**	[məŋharapkan]
sorpresa (f)	**keheranan**	[keheranan]
sorprender (vt)	**mengherankan**	[məŋherankan]
sorprenderse (vr)	**heran**	[heran]
dar (vt)	**memberi**	[memberi]
tomar (vt)	**mengambil**	[məŋambil]
devolver (vt)	**mengembalikan**	[məŋembalikan]
retornar (vt)	**mengembalikan**	[məŋembalikan]
disculparse (vr)	**meminta maaf**	[meminta maʔaf]
disculpa (f)	**permintaan maaf**	[pərmintaʔan maʔaf]
perdonar (vt)	**memaafkan**	[memaʔafkan]
hablar (vi)	**berbicara**	[bərbitʃara]
escuchar (vt)	**mendengarkan**	[məndeŋarkan]
escuchar hasta el final	**mendengar**	[məndeŋar]
comprender (vt)	**mengerti**	[məŋerti]
mostrar (vt)	**menunjukkan**	[mənundʒ'uʔkan]
mirar a ...	**melihat ...**	[melihat ...]
llamar (vt)	**memanggil**	[memaŋgil]
distraer (molestar)	**mengganggu**	[məŋgaŋgu]
molestar (vt)	**mengganggu**	[məŋgaŋgu]
pasar (~ un mensaje)	**menyampaikan**	[mənjampajkan]
petición (f)	**permintaan**	[pərmintaʔan]
pedir (vt)	**meminta**	[meminta]
exigencia (f)	**tuntutan**	[tuntutan]
exigir (vt)	**menuntut**	[mənuntut]
motejar (vr)	**mengejek**	[məŋedʒ'eʔ]
burlarse (vr)	**mencemooh**	[məntʃemooh]
burla (f)	**cemoohan**	[tʃemoohan]
apodo (m)	**nama panggilan**	[nama paŋgilan]
alusión (f)	**isyarat**	[iʃarat]
aludir (vi)	**mengisyaratkan**	[məŋiʃaratkan]
sobrentender (vt)	**berarti**	[bərarti]
descripción (f)	**penggambaran**	[peŋgambaran]
describir (vt)	**menggambarkan**	[məŋgambarkan]
elogio (m)	**pujian**	[pudʒian]
elogiar (vt)	**memuji**	[memudʒi]
decepción (f)	**kekecewaan**	[keketʃewaʔan]
decepcionar (vt)	**mengecewakan**	[məŋetʃewakan]
estar decepcionado	**kecewa**	[ketʃewa]
suposición (f)	**dugaan**	[dugaʔan]
suponer (vt)	**menduga**	[mənduga]

| advertencia (f) | peringatan | [pəriŋatan] |
| prevenir (vt) | memperingatkan | [memperiŋatkan] |

64. La discusión y la conversación. Unidad 3

| convencer (vt) | meyakinkan | [meyakinkan] |
| calmar (vt) | menenangkan | [mənenaŋkan] |

silencio (m) (~ es oro)	kebisuan	[kebisuan]
callarse (vr)	membisu	[membisu]
susurrar (vi, vt)	berbisik	[bərbisiʔ]
susurro (m)	bisikan	[bisikan]

| francamente (adv) | terus terang | [terus təraŋ] |
| en mi opinión ... | menurut saya ... | [mənurut saja ...] |

detalle (m) (de la historia)	detail, perincian	[detajl], [pərintʃian]
detallado (adj)	mendetail	[məndetajl]
detalladamente (adv)	dengan mendetail	[deŋan mendetajl]

| pista (f) | petunjuk | [petundʒˈuʔ] |
| dar una pista | memberi petunjuk | [memberi petundʒˈuʔ] |

mirada (f)	melihat	[melihat]
echar una mirada	melihat	[melihat]
fija (mirada ~)	kaku	[kaku]
parpadear (vi)	berkedip	[bərkedip]
guiñar un ojo	mengedipkan mata	[məŋedipkan mata]
asentir con la cabeza	mengangguk	[mənaŋguʔ]

suspiro (m)	desah	[desah]
suspirar (vi)	mendesah	[məndesah]
estremecerse (vr)	tersentak	[tərsentaʔ]
gesto (m)	gerak tangan	[geraʔ taŋan]
tocar (con la mano)	menyentuh	[mənjentuh]
asir (~ de la mano)	memegang	[memegaŋ]
palmear (~ la espalda)	menepuk	[mənepuʔ]

¡Cuidado!	Awas! Hati-hati!	[awas!], [hati-hati!]
¿De veras?	Sungguh?	[suŋguh?]
¿Estás seguro?	Kamu yakin?	[kamu yakin?]
¡Suerte!	Semoga behasil!	[semoga behasil!]
¡Ya veo!	Begitu!	[begitu!]
¡Es una lástima!	Sayang sekali!	[sajaŋ sekali!]

65. El acuerdo. El rechazo

acuerdo (m)	persetujuan	[pərsetudʒˈuan]
estar de acuerdo	setuju, ijin	[setudʒˈu], [idʒin]
aprobación (f)	persetujuan	[pərsetudʒˈuan]
aprobar (vt)	menyetujui	[mənjetudʒˈui]
rechazo (m)	penolakan	[penolakan]

negarse (vr)	menolak	[mənolaʔ]
¡Excelente!	Bagus!	[bagus!]
¡De acuerdo!	Baiklah! Baik!	[bajklah!], [bajʔ!]
¡Vale!	Baiklah! Baik!	[bajklah!], [bajʔ!]

prohibido (adj)	larangan	[laraŋan]
está prohibido	dilarang	[dilaraŋ]
es imposible	mustahil	[mustahil]
incorrecto (adj)	salah	[salah]

rechazar (vt)	menolak	[mənolaʔ]
apoyar (la decisión)	mendukung	[məndukuŋ]
aceptar (vt)	menerima	[mənerima]

confirmar (vt)	mengonfirmasi	[məŋonfirmasi]
confirmación (f)	konfirmasi	[konfirmasi]
permiso (m)	izin	[izin]
permitir (vt)	mengizinkan	[məŋizinkan]
decisión (f)	keputusan	[keputusan]
no decir nada	membisu	[membisu]

condición (f)	syarat	[ʃarat]
excusa (f) (pretexto)	alasan, dalih	[alasan], [dalih]
elogio (m)	pujian	[pudʒian]
elogiar (vt)	memuji	[memudʒi]

66. El éxito. La buena suerte. El fracaso

éxito (m)	sukses, berhasil	[sukses], [bərhasil]
con éxito (adv)	dengan sukses	[deŋan sukses]
exitoso (adj)	sukses, berhasil	[sukses], [bərhasil]

suerte (f)	keberuntungan	[keberuntuŋan]
¡Suerte!	Semoga behasil!	[semoga behasil!]
de suerte (día ~)	beruntung	[bəruntuŋ]
afortunado (adj)	beruntung	[bəruntuŋ]

fiasco (m)	kegagalan	[kegagalan]
infortunio (m)	kesialan	[kesialan]
mala suerte (f)	kesialan	[kesialan]

| fracasado (adj) | gagal | [gagal] |
| catástrofe (f) | gagal total | [gagal total] |

orgullo (m)	kebanggaan	[kebaŋgaʔan]
orgulloso (adj)	bangga	[baŋga]
estar orgulloso	bangga	[baŋga]

ganador (m)	pemenang	[pemenaŋ]
ganar (vi)	menang	[menaŋ]
perder (vi)	kalah	[kalah]
tentativa (f)	percobaan	[pərtʃobaʔan]
intentar (tratar)	mencoba	[məntʃoba]
chance (f)	kans, peluang	[kans], [peluaŋ]

67. Las discusiones. Las emociones negativas

grito (m)	teriakan	[təriakan]
gritar (vi)	berteriak	[bərteria']
comenzar a gritar	berteriak	[bərteria']
disputa (f), riña (f)	pertengkaran	[pərteŋkaran]
reñir (vi)	bertengkar	[bərteŋkar]
escándalo (m) (riña)	pertengkaran	[pərteŋkaran]
causar escándalo	bertengkar	[bərteŋkar]
conflicto (m)	konflik	[konfli']
malentendido (m)	kesalahpahaman	[kesalahpahaman]
insulto (m)	penghinaan	[peŋhina'an]
insultar (vt)	menghina	[məŋhina]
insultado (adj)	terhina	[tərhina]
ofensa (f)	perasaan tersinggung	[pərasa'an tərsiŋguŋ]
ofender (vt)	menyinggung	[mənjiŋguŋ]
ofenderse (vr)	tersinggung	[tərsiŋguŋ]
indignación (f)	kemarahan	[kemarahan]
indignarse (vr)	marah	[marah]
queja (f)	komplain, pengaduan	[kompleyn], [peŋaduan]
quejarse (vr)	mengeluh	[məŋeluh]
disculpa (f)	permintaan maaf	[pərminta'an ma'af]
disculparse (vr)	meminta maaf	[meminta ma'af]
pedir perdón	minta maaf	[minta ma'af]
crítica (f)	kritik	[kriti']
criticar (vt)	mengkritik	[məŋkriti']
acusación (f)	tuduhan	[tuduhan]
acusar (vt)	menuduh	[mənuduh]
venganza (f)	dendam	[dendam]
vengar (vt)	membalas dendam	[membalas dendam]
pagar (vt)	membalas	[membalas]
desprecio (m)	penghinaan	[peŋhina'an]
despreciar (vt)	benci, membenci	[bentʃi], [membentʃi]
odio (m)	rasa benci	[rasa bentʃi]
odiar (vt)	membenci	[membentʃi]
nervioso (adj)	gugup, grogi	[gugup], [grogi]
estar nervioso	gugup, gelisah	[gugup], [gelisah]
enfadado (adj)	marah	[marah]
enfadar (vt)	membuat marah	[membuat marah]
humillación (f)	penghinaan	[peŋhina'an]
humillar (vt)	merendahkan	[merendahkan]
humillarse (vr)	merendahkan diri sendiri	[merendahkan diri sendiri]
choque (m)	keterkejutan	[keterkeʤｊutan]
chocar (vi)	mengejutkan	[məŋeʤｊutkan]
molestia (f) (problema)	kesulitan	[kesulitan]

desagradable (adj)	tidak menyenangkan	[tida' menjenaŋkan]
miedo (m)	ketakutan	[ketakutan]
terrible (tormenta, etc.)	dahsyat	[dahʃat]
de miedo (historia ~)	menakutkan	[mənakutkan]
horror (m)	horor, ketakutan	[horor], [ketakutan]
horrible (adj)	buruk, parah	[buruk], [parah]
empezar a temblar	gemetar	[gemetar]
llorar (vi)	menangis	[mənaŋis]
comenzar a llorar	menangis	[mənaŋis]
lágrima (f)	air mata	[air mata]
culpa (f)	kesalahan	[kesalahan]
remordimiento (m)	rasa bersalah	[rasa bərsalah]
deshonra (f)	aib	[aib]
protesta (f)	protes	[protes]
estrés (m)	stres	[stres]
molestar (vt)	mengganggu	[məŋgaŋgu]
estar furioso	marah	[marah]
enfadado (adj)	marah	[marah]
terminar (vt)	menghentikan	[məŋhentikan]
regañar (vt)	menyumpahi	[mənyumpahi]
asustarse (vr)	takut	[takut]
golpear (vt)	memukul	[memukul]
pelear (vi)	berkelahi	[bərkelahi]
resolver (~ la discusión)	menyelesaikan	[mənjelesajkan]
descontento (adj)	tidak puas	[tida' puas]
furioso (adj)	garam	[garam]
¡No está bien!	Tidak baik!	[tida' bai'!]
¡Está mal!	Jelek! Buruk!	[dʒ'ele'!], [buru'!]

La medicina

enfermedad (f)	penyakit	[penjakit]
estar enfermo	sakit	[sakit]
salud (f)	kesehatan	[kesehatan]

resfriado (m) (coriza)	hidung meler	[hiduŋ meler]
angina (f)	radang tonsil	[radaŋ tonsil]
resfriado (m)	pilek, selesma	[pilek], [selesma]
resfriarse (vr)	masuk angin	[masu' aŋin]

bronquitis (f)	bronkitis	[bronkitis]
pulmonía (f)	radang paru-paru	[radaŋ paru-paru]
gripe (f)	flu	[flu]

miope (adj)	rabun jauh	[rabun ʤ'auh]
présbita (adj)	rabun dekat	[rabun dekat]
estrabismo (m)	mata juling	[mata ʤ'uliŋ]
estrábico (m) (adj)	bermata juling	[bərmata ʤ'uliŋ]
catarata (f)	katarak	[katara']
glaucoma (m)	glaukoma	[glaukoma]

insulto (m)	stroke	[stroke]
ataque (m) cardiaco	infark	[infar']
infarto (m) de miocardio	serangan jantung	[seraŋan ʤ'antuŋ]
parálisis (f)	kelumpuhan	[kelumpuhan]
paralizar (vt)	melumpuhkan	[melumpuhkan]

alergia (f)	alergi	[alergi]
asma (f)	asma	[asma]
diabetes (f)	diabetes	[diabetes]

| dolor (m) de muelas | sakit gigi | [sakit gigi] |
| caries (f) | karies | [karies] |

diarrea (f)	diare	[diare]
estreñimiento (m)	konstipasi, sembelit	[konstipasi], [sembelit]
molestia (f) estomacal	gangguan pencernaan	[gaŋuan pentʃarna'an]
envenenamiento (m)	keracunan makanan	[keratʃunan makanan]
envenenarse (vr)	keracunan makanan	[keratʃunan makanan]

artritis (f)	artritis	[artritis]
raquitismo (m)	rakitis	[rakitis]
reumatismo (m)	rematik	[remati']
ateroesclerosis (f)	aterosklerosis	[aterosklerosis]

| gastritis (f) | radang perut | [radaŋ pərut] |
| apendicitis (f) | apendisitis | [apendisitis] |

colecistitis (f)	radang pundi empedu	[radaŋ pundi empedu]
úlcera (f)	tukak lambung	[tuka² lambuŋ]
sarampión (m)	penyakit campak	[penjakit tʃampa²]
rubeola (f)	penyakit campak Jerman	[penjakit tʃampa² dʒierman]
ictericia (f)	sakit kuning	[sakit kuniŋ]
hepatitis (f)	hepatitis	[hepatitis]
esquizofrenia (f)	skizofrenia	[skizofrenia]
rabia (f) (hidrofobia)	rabies	[rabies]
neurosis (f)	neurosis	[neurosis]
conmoción (f) cerebral	gegar otak	[gegar ota²]
cáncer (m)	kanker	[kanker]
esclerosis (f)	sklerosis	[sklerosis]
esclerosis (m) múltiple	sklerosis multipel	[sklerosis multipel]
alcoholismo (m)	alkoholisme	[alkoholisme]
alcohólico (m)	alkoholik	[alkoholi²]
sífilis (f)	sifilis	[sifilis]
SIDA (m)	AIDS	[ajds]
tumor (m)	tumor	[tumor]
maligno (adj)	ganas	[ganas]
benigno (adj)	jinak	[dʒina²]
fiebre (f)	demam	[demam]
malaria (f)	malaria	[malaria]
gangrena (f)	gangren	[gaŋren]
mareo (m)	mabuk laut	[mabu² laut]
epilepsia (f)	epilepsi	[epilepsi]
epidemia (f)	epidemi	[epidemi]
tifus (m)	tifus	[tifus]
tuberculosis (f)	tuberkulosis	[tuberkulosis]
cólera (f)	kolera	[kolera]
peste (f)	penyakit pes	[penjakit pes]

69. Los síntomas. Los tratamientos. Unidad 1

síntoma (m)	gejala	[gedʒiala]
temperatura (f)	temperatur, suhu	[temperatur], [suhu]
fiebre (f)	temperatur tinggi	[temperatur tiŋgi]
pulso (m)	denyut nadi	[denyut nadi]
mareo (m) (vértigo)	rasa pening	[rasa peniŋ]
caliente (adj)	panas	[panas]
escalofrío (m)	menggigil	[meŋgigil]
pálido (adj)	pucat	[putʃat]
tos (f)	batuk	[batu²]
toser (vi)	batuk	[batu²]
estornudar (vi)	bersin	[bersin]
desmayo (m)	pingsan	[piŋsan]

desmayarse (vr)	jatuh pingsan	[dʒatuh piŋsan]
moradura (f)	luka memar	[luka memar]
chichón (m)	bengkak	[beŋkaʔ]
golpearse (vr)	terantuk	[tərantuʔ]
magulladura (f)	luka memar	[luka memar]
magullarse (vr)	kena luka memar	[kena luka memar]
cojear (vi)	pincang	[pintʃaŋ]
dislocación (f)	keseleo	[keseleo]
dislocar (vt)	keseleo	[keseleo]
fractura (f)	fraktura, patah tulang	[fraktura], [patah tulaŋ]
tener una fractura	patah tulang	[patah tulaŋ]
corte (m) (tajo)	teriris	[təriris]
cortarse (vr)	teriris	[təriris]
hemorragia (f)	perdarahan	[pərdarahan]
quemadura (f)	luka bakar	[luka bakar]
quemarse (vr)	menderita luka bakar	[mənderita luka bakar]
pincharse (~ el dedo)	menusuk	[mənusuʔ]
pincharse (vr)	tertusuk	[tərtusuʔ]
herir (vt)	melukai	[melukaj]
herida (f)	cedera	[tʃedera]
lesión (f) (herida)	luka	[luka]
trauma (m)	trauma	[trauma]
delirar (vi)	mengigau	[məŋigau]
tartamudear (vi)	gagap	[gagap]
insolación (f)	sengatan matahari	[seŋatan matahari]

70. Los síntomas. Los tratamientos. Unidad 2

dolor (m)	sakit	[sakit]
astilla (f)	selumbar	[selumbar]
sudor (m)	keringat	[keriŋat]
sudar (vi)	berkeringat	[bərkeriŋat]
vómito (m)	muntah	[muntah]
convulsiones (f pl)	kram	[kram]
embarazada (adj)	hamil	[hamil]
nacer (vi)	lahir	[lahir]
parto (m)	persalinan	[pərsalinan]
dar a luz	melahirkan	[melahirkan]
aborto (m)	aborsi	[aborsi]
respiración (f)	pernapasan	[pərnapasan]
inspiración (f)	tarikan napas	[tarikan napas]
espiración (f)	napas keluar	[napas keluar]
espirar (vi)	mengembuskan napas	[məŋembuskan napas]
inspirar (vi)	menarik napas	[mənariʔ napas]
inválido (m)	penderita cacat	[penderita tʃatʃat]
mutilado (m)	penderita cacat	[penderita tʃatʃat]

drogadicto (m)	pecandu narkoba	[petʃandu narkoba]
sordo (adj)	tunarungu	[tunaruŋu]
mudo (adj)	tunawicara	[tunawitʃara]
sordomudo (adj)	tunarungu-wicara	[tunaruŋu-witʃara]

loco (adj)	gila	[gila]
loco (m)	lelaki gila	[lelaki gila]
loca (f)	perempuan gila	[pərempuan gila]
volverse loco	menggila	[məŋgila]

gen (m)	gen	[gen]
inmunidad (f)	imunitas	[imunitas]
hereditario (adj)	turun-temurun	[turun-temurun]
de nacimiento (adj)	bawaan	[bawa'an]

virus (m)	virus	[virus]
microbio (m)	mikroba	[mikroba]
bacteria (f)	bakteri	[bakteri]
infección (f)	infeksi	[infeksi]

71. Los síntomas. Los tratamientos. Unidad 3

| hospital (m) | rumah sakit | [rumah sakit] |
| paciente (m) | pasien | [pasien] |

diagnosis (f)	diagnosis	[diagnosis]
cura (f)	perawatan	[pərawatan]
tratamiento (m)	pengobatan medis	[peŋobatan medis]
curarse (vr)	berobat	[bərobat]
tratar (vt)	merawat	[merawat]
cuidar (a un enfermo)	merawat	[merawat]
cuidados (m pl)	pengasuhan	[peŋasuhan]

operación (f)	operasi, pembedahan	[operasi], [pembedahan]
vendar (vt)	membalut	[membalut]
vendaje (m)	pembalutan	[pembalutan]

vacunación (f)	vaksinasi	[vaksinasi]
vacunar (vt)	memvaksinasi	[memvaksinasi]
inyección (f)	suntikan	[suntikan]
aplicar una inyección	menyuntik	[mənyunti']

ataque (m)	serangan	[seraŋan]
amputación (f)	amputasi	[amputasi]
amputar (vt)	mengamputasi	[məŋamputasi]
coma (m)	koma	[koma]
estar en coma	dalam keadaan koma	[dalam keada'an koma]
revitalización (f)	perawatan intensif	[pərawatan intensif]

recuperarse (vr)	sembuh	[sembuh]
estado (m) (de salud)	keadaan	[keada'an]
consciencia (f)	kesadaran	[kesadaran]
memoria (f)	memori, daya ingat	[memori], [daja iŋat]
extraer (un diente)	mencabut	[məntʃabut]

| empaste (m) | tambalan | [tambalan] |
| empastar (vt) | menambal | [mənambal] |

| hipnosis (f) | hipnosis | [hipnosis] |
| hipnotizar (vt) | menghipnosis | [məŋhipnosis] |

72. Los médicos

médico (m)	dokter	[dokter]
enfermera (f)	suster, juru rawat	[suster], [dʒ'uru rawat]
médico (m) personal	dokter pribadi	[dokter pribadi]

dentista (m)	dokter gigi	[dokter gigi]
oftalmólogo (m)	dokter mata	[dokter mata]
internista (m)	ahli penyakit dalam	[ahli penjakit dalam]
cirujano (m)	dokter bedah	[dokter bedah]

psiquiatra (m)	psikiater	[psikiater]
pediatra (m)	dokter anak	[dokter anaʔ]
psicólogo (m)	psikolog	[psikolog]
ginecólogo (m)	ginekolog	[ginekolog]
cardiólogo (m)	kardiolog	[kardiolog]

73. La medicina. Las drogas. Los accesorios

medicamento (m), droga (f)	obat	[obat]
remedio (m)	obat	[obat]
prescribir (vt)	meresepkan	[meresepkan]
receta (f)	resep	[resep]

tableta (f)	pil, tablet	[pil], [tablet]
ungüento (m)	salep	[salep]
ampolla (f)	ampul	[ampul]
mixtura (f), mezcla (f)	obat cair	[obat tʃajr]
sirope (m)	sirop	[sirop]
píldora (f)	pil	[pil]
polvo (m)	bubuk	[bubuʔ]

venda (f)	perban	[perban]
algodón (m) (discos de ~)	kapas	[kapas]
yodo (m)	iodium	[iodium]

tirita (f), curita (f)	plester obat	[plester obat]
pipeta (f)	tetes mata	[tetes mata]
termómetro (m)	termometer	[tərmometər]
jeringa (f)	alat suntik	[alat suntiʔ]

| silla (f) de ruedas | kursi roda | [kursi roda] |
| muletas (f pl) | kruk | [kruʔ] |

| anestésico (m) | obat bius | [obat bius] |
| purgante (m) | laksatif, obat pencuci perut | [laksatif], [obat pentʃutʃi pərut] |

alcohol (m)	**spiritus, alkohol**	[spiritus], [alkohol]
hierba (f) medicinal	**tanaman obat**	[tanaman obat]
de hierbas (té ~)	**herbal**	[herbal]

74. El tabaquismo. Los productos del tabaco

tabaco (m)	**tembakau**	[tembakau]
cigarrillo (m)	**rokok**	[roko']
cigarro (m)	**cerutu**	[tʃerutu]
pipa (f)	**pipa**	[pipa]
paquete (m)	**bungkus**	[buŋkus]
cerillas (f pl)	**korek api**	[kore' api]
caja (f) de cerillas	**kotak korek api**	[kota' kore' api]
encendedor (m)	**pemantik**	[pemanti']
cenicero (m)	**asbak**	[asba']
pitillera (f)	**selepa**	[selepa]
boquilla (f)	**pemegang rokok**	[pemegaŋ roko']
filtro (m)	**filter**	[filter]
fumar (vi, vt)	**merokok**	[meroko']
encender un cigarrillo	**menyulut rokok**	[mənyulut roko']
tabaquismo (m)	**merokok**	[meroko']
fumador (m)	**perokok**	[pəroko']
colilla (f)	**puntung rokok**	[puntuŋ roko']
humo (m)	**asap**	[asap]
ceniza (f)	**abu**	[abu]

EL AMBIENTE HUMANO

La ciudad

75. La ciudad. La vida en la ciudad

ciudad (f)	kota	[kota]
capital (f)	ibu kota	[ibu kota]
aldea (f)	desa	[desa]
plano (m) de la ciudad	peta kota	[peta kota]
centro (m) de la ciudad	pusat kota	[pusat kota]
suburbio (m)	pinggir kota	[piŋgir kota]
suburbano (adj)	pinggir kota	[piŋgir kota]
arrabal (m)	pinggir	[piŋgir]
afueras (f pl)	daerah sekitarnya	[daerah sekitarnja]
barrio (m)	blok	[bloʔ]
zona (f) de viviendas	blok perumahan	[bloʔ pərumahan]
tráfico (m)	lalu lintas	[lalu lintas]
semáforo (m)	lampu lalu lintas	[lampu lalu lintas]
transporte (m) urbano	angkot	[aŋkot]
cruce (m)	persimpangan	[pərsimpaŋan]
paso (m) de peatones	penyeberangan	[penjeberaŋan]
paso (m) subterráneo	terowongan	[tərowoŋan
	penyeberangan	penjeberaŋan]
cruzar (vt)	menyeberang	[mənjeberaŋ]
peatón (m)	pejalan kaki	[pedʒʲalan kaki]
acera (f)	trotoar	[trotoar]
puente (m)	jembatan	[dʒʲembatan]
muelle (m)	tepi sungai	[tepi suŋaj]
fuente (f)	air mancur	[air mantʃur]
alameda (f)	jalan kecil	[dʒʲalan ketʃil]
parque (m)	taman	[taman]
bulevar (m)	bulevar, adimarga	[bulevar], [adimarga]
plaza (f)	lapangan	[lapaŋan]
avenida (f)	jalan raya	[dʒʲalan raja]
calle (f)	jalan	[dʒʲalan]
callejón (m)	gang	[gaŋ]
callejón (m) sin salida	jalan buntu	[dʒʲalan buntu]
casa (f)	rumah	[rumah]
edificio (m)	gedung	[geduŋ]
rascacielos (m)	pencakar langit	[pentʃakar laŋit]
fachada (f)	bagian depan	[bagian depan]

techo (m)	atap	[atap]
ventana (f)	jendela	[dʒiendela]
arco (m)	lengkungan	[leŋkuŋan]
columna (f)	pilar	[pilar]
esquina (f)	sudut	[sudut]

escaparate (f)	etalase	[etalase]
letrero (m) (~ luminoso)	papan nama	[papan nama]
cartel (m)	poster	[poster]
cartel (m) publicitario	poster iklan	[poster iklan]
valla (f) publicitaria	papan iklan	[papan iklan]

basura (f)	sampah	[sampah]
cajón (m) de basura	tong sampah	[toŋ sampah]
tirar basura	menyampah	[mənjampah]
basurero (m)	tempat pemrosesan akhir (TPA)	[tempat pemrosesan ahir]

cabina (f) telefónica	gardu telepon umum	[gardu telepon umum]
farola (f)	tiang lampu	[tiaŋ lampu]
banco (m) (del parque)	bangku	[baŋku]

policía (m)	polisi	[polisi]
policía (f) (~ nacional)	polisi, kepolisian	[polisi], [kepolisian]
mendigo (m)	pengemis	[peŋemis]
persona (f) sin hogar	tuna wisma	[tuna wisma]

76. Las instituciones urbanas

tienda (f)	toko	[toko]
farmacia (f)	apotek, toko obat	[apotek], [toko obat]
óptica (f)	optik	[optiʔ]
centro (m) comercial	toserba	[toserba]
supermercado (m)	pasar swalayan	[pasar swalajan]

panadería (f)	toko roti	[toko roti]
panadero (m)	pembuat roti	[pembuat roti]
pastelería (f)	toko kue	[toko kue]
tienda (f) de comestibles	toko pangan	[toko paŋan]
carnicería (f)	toko daging	[toko dagiŋ]

| verdulería (f) | toko sayur | [toko sajur] |
| mercado (m) | pasar | [pasar] |

cafetería (f)	warung kopi	[waruŋ kopi]
restaurante (m)	restoran	[restoran]
cervecería (f)	kedai bir	[kedaj bir]
pizzería (f)	kedai piza	[kedaj piza]

peluquería (f)	salon rambut	[salon rambut]
oficina (f) de correos	kantor pos	[kantor pos]
tintorería (f)	penatu kimia	[penatu kimia]
estudio (m) fotográfico	studio foto	[studio foto]
zapatería (f)	toko sepatu	[toko sepatu]

| librería (f) | toko buku | [toko buku] |
| tienda (f) deportiva | toko alat olahraga | [toko alat olahraga] |

arreglos (m pl) de ropa	reparasi pakaian	[reparasi pakajan]
alquiler (m) de ropa	rental pakaian	[rental pakajan]
videoclub (m)	rental film	[rental film]

circo (m)	sirkus	[sirkus]
zoológico (m)	kebun binatang	[kebun binataŋ]
cine (m)	bioskop	[bioskop]
museo (m)	museum	[museum]
biblioteca (f)	perpustakaan	[pərpustaka'an]

teatro (m)	teater	[teater]
ópera (f)	opera	[opera]
club (m) nocturno	klub malam	[klub malam]
casino (m)	kasino	[kasino]

mezquita (f)	masjid	[masdʒid]
sinagoga (f)	sinagoga, kanisah	[sinagoga], [kanisah]
catedral (f)	katedral	[katedral]
templo (m)	kuil, candi	[kuil], [tʃandi]
iglesia (f)	gereja	[geredʒʲa]

instituto (m)	institut, perguruan tinggi	[institut], [pərguruan tiŋgi]
universidad (f)	universitas	[universitas]
escuela (f)	sekolah	[sekolah]

prefectura (f)	prefektur, distrik	[prefektur], [distri']
alcaldía (f)	balai kota	[balaj kota]
hotel (m)	hotel	[hotel]
banco (m)	bank	[ban']

embajada (f)	kedutaan besar	[keduta'an besar]
agencia (f) de viajes	kantor pariwisata	[kantor pariwisata]
oficina (f) de información	kantor penerangan	[kantor peneraŋan]
oficina (f) de cambio	kantor penukaran uang	[kantor penukaran uaŋ]

| metro (m) | kereta api bawah tanah | [kereta api bawah tanah] |
| hospital (m) | rumah sakit | [rumah sakit] |

| gasolinera (f) | SPBU, stasiun bensin | [es-pe-be-u], [stasjun bensin] |
| aparcamiento (m) | tempat parkir | [tempat parkir] |

77. El transporte urbano

autobús (m)	bus	[bus]
tranvía (m)	trem	[trem]
trolebús (m)	bus listrik	[bus listri']
itinerario (m)	trayek	[trae']
número (m)	nomor	[nomor]

| ir en ... | naik ... | [nai' ...] |
| tomar (~ el autobús) | naik | [nai'] |

bajar (~ del tren)	turun …	[turun …]
parada (f)	halte, pemberhentian	[halte], [pemberhentian]
próxima parada (f)	halte berikutnya	[halte bərikutnja]
parada (f) final	halte terakhir	[halte tərahir]
horario (m)	jadwal	[dʒadwal]
esperar (aguardar)	menunggu	[mənuŋgu]
billete (m)	tiket	[tiket]
precio (m) del billete	harga karcis	[harga kartʃis]
cajero (m)	kasir	[kasir]
control (m) de billetes	pemeriksaan tiket	[pemeriksa'an tiket]
revisor (m)	kondektur	[kondektur]
llegar tarde (vi)	terlambat …	[tərlambat …]
perder (~ el tren)	ketinggalan	[ketiŋgalan]
tener prisa	tergesa-gesa	[tərgesa-gesa]
taxi (m)	taksi	[taksi]
taxista (m)	sopir taksi	[sopir taksi]
en taxi	naik taksi	[nai' taksi]
parada (f) de taxi	pangkalan taksi	[paŋkalan taksi]
llamar un taxi	memanggil taksi	[memaŋgil taksi]
tomar un taxi	menaiki taksi	[mənajki taksi]
tráfico (m)	lalu lintas	[lalu lintas]
atasco (m)	kemacetan lalu lintas	[kematʃetan lalu lintas]
horas (f pl) de punta	jam sibuk	[dʒam sibu']
aparcar (vi)	parkir	[parkir]
aparcar (vt)	memarkir	[memarkir]
aparcamiento (m)	tempat parkir	[tempat parkir]
metro (m)	kereta api bawah tanah	[kereta api bawah tanah]
estación (f)	stasiun	[stasiun]
ir en el metro	naik kereta api bawah tanah	[nai' kereta api bawah tanah]
tren (m)	kereta api	[kereta api]
estación (f)	stasiun kereta api	[stasiun kereta api]

78. El turismo. La excursión

monumento (m)	monumen, patung	[monumen], [patuŋ]
fortaleza (f)	benteng	[benteŋ]
palacio (m)	istana	[istana]
castillo (m)	kastil	[kastil]
torre (f)	menara	[mənara]
mausoleo (m)	mausoleum	[mausoleum]
arquitectura (f)	arsitektur	[arsitektur]
medieval (adj)	abad pertengahan	[abad pərteŋahan]
antiguo (adj)	kuno	[kuno]
nacional (adj)	nasional	[nasional]
conocido (adj)	terkenal	[tərkenal]
turista (m)	turis, wisatawan	[turis], [wisatawan]

guía (m) (persona)	**pemandu wisata**	[pemandu wisata]
excursión (f)	**ekskursi**	[ekskursi]
mostrar (vt)	**menunjukkan**	[mənundʒ'uʔkan]
contar (una historia)	**menceritakan**	[məntʃeritakan]

encontrar (hallar)	**mendapatkan**	[məndapatkan]
perderse (vr)	**tersesat**	[tərsesat]
plano (m) (~ de metro)	**denah**	[denah]
mapa (m) (~ de la ciudad)	**peta**	[peta]

recuerdo (m)	**suvenir**	[suvenir]
tienda (f) de regalos	**toko suvenir**	[toko suvenir]
hacer fotos	**memotret**	[memotret]
fotografiarse (vr)	**berfoto**	[bərfoto]

79. Las compras

comprar (vt)	**membeli**	[membeli]
compra (f)	**belanjaan**	[belandʒ'a'an]
hacer compras	**berbelanja**	[bərbelandʒ'a]
compras (f pl)	**berbelanja**	[bərbelandʒ'a]

estar abierto (tienda)	**buka**	[buka]
estar cerrado	**tutup**	[tutup]

calzado (m)	**sepatu**	[sepatu]
ropa (f)	**pakaian**	[pakajan]
cosméticos (m pl)	**kosmetik**	[kosmetiʔ]
productos alimenticios	**produk makanan**	[produʔ makanan]
regalo (m)	**hadiah**	[hadiah]

vendedor (m)	**pramuniaga**	[pramuniaga]
vendedora (f)	**pramuniaga perempuan**	[pramuniaga pərempuan]

caja (f)	**kas**	[kas]
espejo (m)	**cermin**	[tʃermin]
mostrador (m)	**konter**	[konter]
probador (m)	**kamar pas**	[kamar pas]

probar (un vestido)	**mengepas**	[məŋepas]
quedar (una ropa, etc.)	**pas, cocok**	[pas], [tʃotʃoʔ]
gustar (vi)	**suka**	[suka]

precio (m)	**harga**	[harga]
etiqueta (f) de precio	**label harga**	[label harga]
costar (vt)	**berharga**	[bərharga]
¿Cuánto?	**Berapa?**	[bərapa?]
descuento (m)	**diskon**	[diskon]

no costoso (adj)	**tidak mahal**	[tidaʔ mahal]
barato (adj)	**murah**	[murah]
caro (adj)	**mahal**	[mahal]
Es caro	**Ini mahal**	[ini mahal]
alquiler (m)	**rental, persewaan**	[rental], [pərsewa'an]

alquilar (vt)	menyewa	[mənjewa]
crédito (m)	kredit	[kredit]
a crédito (adv)	secara kredit	[setʃara kredit]

80. El dinero

dinero (m)	uang	[uaŋ]
cambio (m)	pertukaran mata uang	[pərtukaran mata uaŋ]
curso (m)	nilai tukar	[nilaj tukar]
cajero (m) automático	Anjungan Tunai Mandiri, ATM	[andʒuŋan tunaj mandiri], [a-te-em]
moneda (f)	koin	[koin]

| dólar (m) | dolar | [dolar] |
| euro (m) | euro | [euro] |

lira (f)	lira	[lira]
marco (m) alemán	Mark Jerman	[marʔ dʒˈerman]
franco (m)	franc	[frantʃ]
libra esterlina (f)	poundsterling	[paundsterliŋ]
yen (m)	yen	[yen]

deuda (f)	utang	[utaŋ]
deudor (m)	pengutang	[peŋutaŋ]
prestar (vt)	meminjamkan	[memindʒˈamkan]
tomar prestado	meminjam	[memindʒˈam]

banco (m)	bank	[banʔ]
cuenta (f)	rekening	[rekeniŋ]
ingresar (~ en la cuenta)	memasukkan	[memasuʔkan]
ingresar en la cuenta	memasukkan ke rekening	[memasuʔkan ke rekeniŋ]
sacar de la cuenta	menarik uang	[mənariʔ uaŋ]

tarjeta (f) de crédito	kartu kredit	[kartu kredit]
dinero (m) en efectivo	uang kontan, uang tunai	[uaŋ kontan], [uaŋ tunaj]
cheque (m)	cek	[tʃeʔ]
sacar un cheque	menulis cek	[mənulis tʃeʔ]
talonario (m)	buku cek	[buku tʃeʔ]

cartera (f)	dompet	[dompet]
monedero (m)	dompet, pundi-pundi	[dompet], [pundi-pundi]
caja (f) fuerte	brankas	[brankas]

heredero (m)	pewaris	[pewaris]
herencia (f)	warisan	[warisan]
fortuna (f)	kekayaan	[kekajaʔan]

arriendo (m)	sewa	[sewa]
alquiler (m) (dinero)	uang sewa	[uaŋ sewa]
alquilar (~ una casa)	menyewa	[mənjewa]

precio (m)	harga	[harga]
coste (m)	harga	[harga]
suma (f)	jumlah	[dʒˈumlah]

gastar (vt)	menghabiskan	[məŋhabiskan]
gastos (m pl)	ongkos	[oŋkos]
economizar (vi, vt)	menghemat	[məŋhemat]
económico (adj)	hemat	[hemat]
pagar (vi, vt)	membayar	[membajar]
pago (m)	pembayaran	[pembajaran]
cambio (m) (devolver el ~)	kembalian	[kembalian]
impuesto (m)	pajak	[padʒ'a']
multa (f)	denda	[denda]
multar (vt)	mendenda	[məndenda]

81. La oficina de correos

oficina (f) de correos	kantor pos	[kantor pos]
correo (m) (cartas, etc.)	surat	[surat]
cartero (m)	tukang pos	[tukaŋ pos]
horario (m) de apertura	jam buka	[dʒ'am buka]
carta (f)	surat	[surat]
carta (f) certificada	surat tercatat	[surat tərtʃatat]
tarjeta (f) postal	kartu pos	[kartu pos]
telegrama (m)	telegram	[telegram]
paquete (m) postal	parsel, paket pos	[parsel], [paket pos]
giro (m) postal	wesel pos	[wesel pos]
recibir (vt)	menerima	[mənerima]
enviar (vt)	mengirim	[məŋirim]
envío (m)	pengiriman	[peŋiriman]
dirección (f)	alamat	[alamat]
código (m) postal	kode pos	[kode pos]
expedidor (m)	pengirim	[peŋirim]
destinatario (m)	penerima	[penerima]
nombre (m)	nama	[nama]
apellido (m)	nama keluarga	[nama keluarga]
tarifa (f)	tarif	[tarif]
ordinario (adj)	biasa, standar	[biasa], [standar]
económico (adj)	ekonomis	[ekonomis]
peso (m)	berat	[berat]
pesar (~ una carta)	menimbang	[mənimbaŋ]
sobre (m)	amplop	[amplop]
sello (m)	prangko	[praŋko]
poner un sello	menempelkan prangko	[mənempelkan praŋko]

La vivienda. La casa. El hogar

casa (f)	rumah	[rumah]
en casa (adv)	di rumah	[di rumah]
patio (m)	pekarangan	[pekaraŋan]
verja (f)	pagar	[pagar]
ladrillo (m)	bata, batu bata	[bata], [batu bata]
de ladrillo (adj)	bata, batu bata	[bata], [batu bata]
piedra (f)	batu	[batu]
de piedra (adj)	batu	[batu]
hormigón (m)	beton	[beton]
de hormigón (adj)	beton	[beton]
nuevo (adj)	baru	[baru]
viejo (adj)	tua	[tua]
deteriorado (adj)	reyot	[reyot]
moderno (adj)	modern	[modern]
de muchos pisos	susun	[susun]
alto (adj)	tinggi	[tiŋgi]
piso (m), planta (f)	lantai	[lantaj]
de una sola planta	berlantai satu	[bərlantaj satu]
piso (m) bajo	lantai bawah	[lantaj bawah]
piso (m) alto	lantai atas	[lantaj atas]
techo (m)	atap	[atap]
chimenea (f)	cerobong	[ʧeroboŋ]
tejas (f pl)	genting	[gentiŋ]
de tejas (adj)	bergenting	[bərgentiŋ]
desván (m)	loteng	[loteŋ]
ventana (f)	jendela	[dʒˈendela]
vidrio (m)	kaca	[kaʧa]
alféizar (m)	ambang jendela	[ambaŋ dʒˈendela]
contraventanas (f pl)	daun jendela	[daun dʒˈendela]
pared (f)	dinding	[dindiŋ]
balcón (m)	balkon	[balkon]
gotera (f)	pipa talang	[pipa talaŋ]
arriba (estar ~)	di atas	[di atas]
subir (vi)	naik	[naiʔ]
descender (vi)	turun	[turun]
mudarse (vr)	pindah	[pindah]

83. La casa. La entrada. El ascensor

entrada (f)	**pintu masuk**	[pintu masuʔ]
escalera (f)	**tangga**	[taŋga]
escalones (m pl)	**anak tangga**	[anaʔ taŋga]
baranda (f)	**pegangan tangan**	[pegaŋan taŋan]
vestíbulo (m)	**lobi, ruang depan**	[lobi], [ruaŋ depan]
buzón (m)	**kotak pos**	[kotaʔ pos]
contenedor (m) de basura	**tong sampah**	[toŋ sampah]
bajante (f) de basura	**saluran pembuangan sampah**	[saluran pembuaŋan sampah]
ascensor (m)	**elevator**	[elevator]
ascensor (m) de carga	**lift barang**	[lift baraŋ]
cabina (f)	**kabin lift**	[kabin lift]
ir en el ascensor	**naik elevator**	[naiʔ elevator]
apartamento (m)	**apartemen**	[apartemen]
inquilinos (pl)	**penghuni**	[peŋhuni]
vecino (m)	**tetangga**	[tetaŋga]
vecina (f)	**tetangga**	[tetaŋga]
vecinos (pl)	**para tetangga**	[para tetaŋga]

84. La casa. La puerta. La cerradura

puerta (f)	**pintu**	[pintu]
portón (m)	**pintu gerbang**	[pintu gerbaŋ]
tirador (m)	**gagang pintu**	[gagaŋ pintu]
abrir el cerrojo	**membuka kunci**	[membuka kunʧi]
abrir (vt)	**membuka**	[membuka]
cerrar (vt)	**menutup**	[mənutup]
llave (f)	**kunci**	[kunʧi]
manojo (m) de llaves	**serangkaian kunci**	[seraŋkajan kunʧi]
crujir (vi)	**bergerit**	[bərgerit]
crujido (m)	**gerit**	[gerit]
gozne (m)	**engsel**	[eŋsel]
felpudo (m)	**tikar**	[tikar]
cerradura (f)	**kunci pintu**	[kunʧi pintu]
ojo (m) de cerradura	**lubang kunci**	[lubaŋ kunʧi]
cerrojo (m)	**gerendel**	[gerendel]
pestillo (m)	**gerendel**	[gerendel]
candado (m)	**gembok**	[gemboʔ]
tocar el timbre	**membunyikan**	[membunjikan]
campanillazo (m)	**dering**	[deriŋ]
timbre (m)	**bel**	[bel]
botón (m)	**kenop**	[kenop]
toque (m) a la puerta	**ketukan**	[ketukan]
tocar la puerta	**mengetuk**	[məŋetuʔ]
código (m)	**kode**	[kode]

cerradura (f) de contraseña	**gembok berkode**	[gembo' bərkode]
telefonillo (m)	**interkom**	[interkom]
número (m)	**nomor**	[nomor]

placa (f) de puerta	**papan tanda**	[papan tanda]
mirilla (f)	**lubang intip**	[lubaŋ intip]

85. La casa de campo

aldea (f)	**desa**	[desa]
huerta (f)	**kebun sayur**	[kebun sajur]
empalizada (f)	**pagar**	[pagar]
valla (f)	**pagar**	[pagar]
puertecilla (f)	**pintu pagar**	[pintu pagar]

granero (m)	**lumbung**	[lumbuŋ]
sótano (m)	**kelder**	[kelder]
cobertizo (m)	**gubuk**	[gubu']
pozo (m)	**sumur**	[sumur]

estufa (f)	**tungku**	[tuŋku]
calentar la estufa	**menyalakan tungku**	[mənjalakan tuŋku]
leña (f)	**kayu bakar**	[kaju bakar]
leño (m)	**potongan kayu bakar**	[potoŋan kaju bakar]

veranda (f)	**beranda**	[bəranda]
terraza (f)	**teras**	[teras]
porche (m)	**anjungan depan**	[andʒʲuŋan depan]
columpio (m)	**ayunan**	[ajunan]

86. El castillo. El palacio

castillo (m)	**kastil**	[kastil]
palacio (m)	**istana**	[istana]
fortaleza (f)	**benteng**	[benteŋ]

muralla (f)	**tembok**	[tembo']
torre (f)	**menara**	[mənara]
torre (f) principal	**menara utama**	[mənara utama]

rastrillo (m)	**jeruji pintu kota**	[dʒʲerudʒi pintu kota]
pasaje (m) subterráneo	**jalan bawah tanah**	[dʒʲalan bawah tanah]
foso (m) del castillo	**parit**	[parit]

cadena (f)	**rantai**	[rantaj]
aspillera (f)	**laras panah, lop panah**	[laras panah], [lop panah]

magnífico (adj)	**megah**	[megah]
majestuoso (adj)	**megah sekali**	[megah sekali]

inexpugnable (adj)	**sulit dicapai**	[sulit ditʃapaj]
medieval (adj)	**abad pertengahan**	[abad pərteŋahan]

87. El apartamento

apartamento (m)	**apartemen**	[apartemen]
habitación (f)	**kamar**	[kamar]
dormitorio (m)	**kamar tidur**	[kamar tidur]
comedor (m)	**ruang makan**	[ruaŋ makan]
salón (m)	**ruang tamu**	[ruaŋ tamu]
despacho (m)	**ruang kerja**	[ruaŋ kerdʒia]
antecámara (f)	**ruang depan**	[ruaŋ depan]
cuarto (m) de baño	**kamar mandi**	[kamar mandi]
servicio (m)	**kamar kecil**	[kamar ketʃil]
techo (m)	**plafon, langit-langit**	[plafon], [laŋit-laŋit]
suelo (m)	**lantai**	[lantaj]
rincón (m)	**sudut**	[sudut]

88. El apartamento. La limpieza

hacer la limpieza	**membereskan**	[membereskan]
quitar (retirar)	**meletakkan**	[meletaʔkan]
polvo (m)	**debu**	[debu]
polvoriento (adj)	**debu**	[debu]
limpiar el polvo	**menyapu debu**	[mənjapu debu]
aspirador (m), aspiradora (f)	**pengisap debu**	[peŋisap debu]
limpiar con la aspiradora	**membersihkan dengan pengisap debu**	[membersihkan deŋan peŋisap debu]
barrer (vi, vt)	**menyapu**	[mənjapu]
barreduras (f pl)	**sampah**	[sampah]
orden (m)	**kerapian**	[kerapian]
desorden (m)	**berantakan**	[bərantakan]
fregona (f)	**kain pel**	[kain pel]
trapo (m)	**lap**	[lap]
escoba (f)	**sapu lidi**	[sapu lidi]
cogedor (m)	**pengki**	[peŋki]

89. Los muebles. El interior

muebles (m pl)	**mebel**	[mebel]
mesa (f)	**meja**	[medʒia]
silla (f)	**kursi**	[kursi]
cama (f)	**ranjang**	[randʒiaŋ]
sofá (m)	**dipan**	[dipan]
sillón (m)	**kursi malas**	[kursi malas]
librería (f)	**lemari buku**	[lemari buku]
estante (m)	**rak**	[raʔ]
armario (m)	**lemari pakaian**	[lemari pakajan]

| percha (f) | kapstok | [kapsto?] |
| perchero (m) de pie | kapstok berdiri | [kapsto' bərdiri] |

| cómoda (f) | lemari laci | [lemari latʃi] |
| mesa (f) de café | meja kopi | [medʒ'a kopi] |

espejo (m)	cermin	[tʃermin]
tapiz (m)	permadani	[pərmadani]
alfombra (f)	karpet kecil	[karpet ketʃil]

chimenea (f)	perapian	[pərapian]
vela (f)	lilin	[lilin]
candelero (m)	kaki lilin	[kaki lilin]

cortinas (f pl)	gorden	[gorden]
empapelado (m)	kertas dinding	[kertas dindiŋ]
estor (m) de láminas	kerai	[keraj]

lámpara (f) de mesa	lampu meja	[lampu medʒ'a]
aplique (m)	lampu dinding	[lampu dindiŋ]
lámpara (f) de pie	lampu lantai	[lampu lantaj]
lámpara (f) de araña	lampu bercabang	[lampu bərtʃabaŋ]

pata (f) (~ de la mesa)	kaki	[kaki]
brazo (m)	lengan	[leŋan]
espaldar (m)	sandaran	[sandaran]
cajón (m)	laci	[latʃi]

90. Los accesorios de cama

ropa (f) de cama	kain kasur	[kain kasur]
almohada (f)	bantal	[bantal]
funda (f)	sarung bantal	[saruŋ bantal]
manta (f)	selimut	[selimut]
sábana (f)	seprai	[sepraj]
sobrecama (f)	selubung kasur	[selubuŋ kasur]

91. La cocina

cocina (f)	dapur	[dapur]
gas (m)	gas	[gas]
cocina (f) de gas	kompor gas	[kompor gas]
cocina (f) eléctrica	kompor listrik	[kompor listri?]
horno (m)	oven	[oven]
horno (m) microondas	microwave	[majkrowav]

frigorífico (m)	lemari es, kulkas	[lemari es], [kulkas]
congelador (m)	lemari pembeku	[lemari pembeku]
lavavajillas (m)	mesin pencuci piring	[mesin pentʃutʃi piriŋ]

| picadora (f) de carne | alat pelumat daging | [alat pelumat dagiŋ] |
| exprimidor (m) | mesin sari buah | [mesin sari buah] |

| tostador (m) | alat pemanggang roti | [alat pemaŋgaŋ roti] |
| batidora (f) | pencampur | [pentʃampur] |

cafetera (f) (aparato de cocina)	mesin pembuat kopi	[mesin pembuat kopi]
cafetera (f) (para servir)	teko kopi	[teko kopi]
molinillo (m) de café	mesin penggiling kopi	[mesin peŋgiliŋ kopi]

hervidor (m) de agua	cerek	[tʃereʔ]
tetera (f)	teko	[teko]
tapa (f)	tutup	[tutup]
colador (m) de té	saringan teh	[sariŋan teh]

cuchara (f)	sendok	[sendoʔ]
cucharilla (f)	sendok teh	[sendoʔ teh]
cuchara (f) de sopa	sendok makan	[sendoʔ makan]
tenedor (m)	garpu	[garpu]
cuchillo (m)	pisau	[pisau]

vajilla (f)	piring mangkuk	[piriŋ maŋkuʔ]
plato (m)	piring	[piriŋ]
platillo (m)	alas cangkir	[alas tʃaŋkir]
vaso (m) de chupito	seloki	[seloki]
vaso (m) (~ de agua)	gelas	[gelas]
taza (f)	cangkir	[tʃaŋkir]

azucarera (f)	wadah gula	[wadah gula]
salero (m)	wadah garam	[wadah garam]
pimentero (m)	wadah merica	[wadah meritʃa]
mantequera (f)	wadah mentega	[wadah mentega]

cacerola (f)	panci	[pantʃi]
sartén (f)	kuali	[kuali]
cucharón (m)	sudu	[sudu]
colador (m)	saringan	[sariŋan]
bandeja (f)	talam	[talam]

botella (f)	botol	[botol]
tarro (m) de vidrio	gelas	[gelas]
lata (f)	kaleng	[kaleŋ]

abrebotellas (m)	pembuka botol	[pembuka botol]
abrelatas (m)	pembuka kaleng	[pembuka kaleŋ]
sacacorchos (m)	kotrek	[kotreʔ]
filtro (m)	saringan	[sariŋan]
filtrar (vt)	saringan	[sariŋan]

| basura (f) | sampah | [sampah] |
| cubo (m) de basura | tong sampah | [toŋ sampah] |

92. El baño

| cuarto (m) de baño | kamar mandi | [kamar mandi] |
| agua (f) | air | [air] |

grifo (m)	keran	[keran]
agua (f) caliente	air panas	[air panas]
agua (f) fría	air dingin	[air diŋin]

pasta (f) de dientes	pasta gigi	[pasta gigi]
limpiarse los dientes	menggosok gigi	[məŋgoso' gigi]
cepillo (m) de dientes	sikat gigi	[sikat gigi]

afeitarse (vr)	bercukur	[bərtʃukur]
espuma (f) de afeitar	busa cukur	[busa tʃukur]
maquinilla (f) de afeitar	pisau cukur	[pisau tʃukur]

lavar (vt)	mencuci	[məntʃutʃi]
darse un baño	mandi	[mandi]
ducha (f)	pancuran	[pantʃuran]
darse una ducha	mandi pancuran	[mandi pantʃuran]

bañera (f)	bak mandi	[ba' mandi]
inodoro (m)	kloset	[kloset]
lavabo (m)	wastafel	[wastafel]

jabón (m)	sabun	[sabun]
jabonera (f)	wadah sabun	[wadah sabun]

esponja (f)	spons	[spons]
champú (m)	sampo	[sampo]
toalla (f)	handuk	[handu']
bata (f) de baño	jubah mandi	[dʒʲubah mandi]

colada (f), lavado (m)	pencucian	[pentʃutʃian]
lavadora (f)	mesin cuci	[mesin tʃutʃi]
lavar la ropa	mencuci	[məntʃutʃi]
detergente (m) en polvo	deterjen cuci	[deterdʒʲen tʃutʃi]

93. Los aparatos domésticos

televisor (m)	pesawat TV	[pesawat ti-vi]
magnetófono (m)	alat perekam	[alat pərekam]
vídeo (m)	video, VCR	[vidio], [vi-si-er]
radio (m)	radio	[radio]
reproductor (m) (~ MP3)	pemutar	[pemutar]

proyector (m) de vídeo	proyektor video	[proektor video]
sistema (m) home cinema	bioskop rumah	[bioskop rumah]
reproductor (m) de DVD	pemutar DVD	[pemutar di-vi-di]
amplificador (m)	penguat	[peŋuat]
videoconsola (f)	konsol permainan video	[konsol pərmajnan video]

cámara (f) de vídeo	kamera video	[kamera video]
cámara (f) fotográfica	kamera	[kamera]
cámara (f) digital	kamera digital	[kamera digital]

aspirador (m), aspiradora (f)	pengisap debu	[peŋisap debu]
plancha (f)	setrika	[setrika]

tabla (f) de planchar	papan setrika	[papan setrika]
teléfono (m)	telepon	[telepon]
teléfono (m) móvil	ponsel	[ponsel]
máquina (f) de escribir	mesin ketik	[mesin keti']
máquina (f) de coser	mesin jahit	[mesin dʒˈahit]

micrófono (m)	mikrofon	[mikrofon]
auriculares (m pl)	headphone, fonkepala	[headphone], [fonkepala]
mando (m) a distancia	panel kendali	[panel kendali]

CD (m)	cakram kompak	[tʃakram kompa']
casete (m)	kaset	[kaset]
disco (m) de vinilo	piringan hitam	[piriŋan hitam]

94. Los arreglos. La renovación

renovación (f)	renovasi	[renovasi]
renovar (vt)	merenovasi	[merenovasi]
reparar (vt)	mereparasi, memperbaiki	[mereparasi], [memperbajki]
poner en orden	membereskan	[membereskan]
rehacer (vt)	mengulangi	[məŋulaŋi]

pintura (f)	cat	[tʃat]
pintar (las paredes)	mengecat	[məŋetʃat]
pintor (m)	tukang cat	[tukaŋ tʃat]
brocha (f)	kuas	[kuas]

| cal (f) | cat kapur | [tʃat kapur] |
| encalar (vt) | mengapur | [məŋapur] |

empapelado (m)	kertas dinding	[kertas dindiŋ]
empapelar (vt)	memasang kertas dinding	[memasaŋ kertas dindiŋ]
barniz (m)	pernis	[pernis]
cubrir con barniz	memernis	[memernis]

95. La plomería

agua (f)	air	[air]
agua (f) caliente	air panas	[air panas]
agua (f) fría	air dingin	[air diŋin]
grifo (m)	keran	[keran]

gota (f)	tetes	[tetes]
gotear (el grifo)	menetes	[mənetes]
gotear (cañería)	bocor	[botʃor]
escape (m) de agua	kebocoran	[kebotʃoran]
charco (m)	kubangan	[kubaŋan]

tubo (m)	pipa	[pipa]
válvula (f)	katup	[katup]
estar atascado	tersumbat	[tərsumbat]
instrumentos (m pl)	peralatan	[pəralatan]

llave (f) inglesa	kunci inggris	[kuntʃi iŋgris]
destornillar (vt)	mengendurkan	[məŋendurkan]
atornillar (vt)	mengencangkan	[məŋentʃaŋkan]

desatascar (vt)	membersihkan	[membersihkan]
fontanero (m)	tukang pipa	[tukaŋ pipa]
sótano (m)	rubanah	[rubanah]
alcantarillado (m)	riol	[riol]

96. El fuego. El incendio

incendio (m)	kebakaran	[kebakaran]
llama (f)	nyala api	[njala api]
chispa (f)	percikan api	[pərtʃikan api]
humo (m)	asap	[asap]
antorcha (f)	obor	[obor]
hoguera (f)	api unggun	[api uŋgun]

gasolina (f)	bensin	[bensin]
queroseno (m)	minyak tanah	[minjaʔ tanah]
inflamable (adj)	mudah terbakar	[mudah tərbakar]
explosivo (adj)	mudah meledak	[mudah meledaʔ]
PROHIBIDO FUMAR	DILARANG MEROKOK!	[dilaraŋ merokoʔ!]

seguridad (f)	keamanan	[keamanan]
peligro (m)	bahaya	[bahaja]
peligroso (adj)	berbahaya	[bərbahaja]

prenderse fuego	menyala	[mənjala]
explosión (f)	ledakan	[ledakan]
incendiar (vt)	membakar	[membakar]
incendiario (m)	pelaku pembakaran	[pelaku pembakaran]
incendio (m) provocado	pembakaran	[pembakaran]

estar en llamas	berkobar	[bərkobar]
arder (vi)	menyala	[mənjala]
incendiarse (vr)	terbakar	[tərbakar]

llamar a los bomberos	memanggil pemadam kebakaran	[memaŋgil pemadam kebakaran]
bombero (m)	pemadam kebakaran	[pemadam kebakaran]
coche (m) de bomberos	branwir	[branwir]
cuerpo (m) de bomberos	pemadam kebakaran	[pemadam kebakaran]
escalera (f) telescópica	tangga branwir	[taŋga branwir]

manguera (f)	selang pemadam	[selaŋ pemadam]
extintor (m)	pemadam api	[pemadam api]
casco (m)	helm	[helm]
sirena (f)	sirene	[sirene]

gritar (vi)	berteriak	[bərteriaʔ]
pedir socorro	meminta pertolongan	[meminta pərtoloŋan]
socorrista (m)	penyelamat	[penjelamat]
salvar (vt)	menyelamatkan	[mənjelamatkan]

llegar (vi)	datang	[dataŋ]
apagar (~ el incendio)	memadamkan	[memadamkan]
agua (f)	air	[air]
arena (f)	pasir	[pasir]
ruinas (f pl)	reruntuhan	[reruntuhan]
colapsarse (vr)	runtuh	[runtuh]
hundirse (vr)	roboh	[roboh]
derrumbarse (vr)	roboh	[roboh]
trozo (m) (~ del muro)	serpihan	[serpihan]
ceniza (f)	abu	[abu]
morir asfixiado	mati lemas	[mati lemas]
perecer (vi)	mati, tewas	[mati], [tewas]

LAS ACTIVIDADES DE LA GENTE

El trabajo. Los negocios. Unidad 1

97. La banca

banco (m)	bank	[banʔ]
sucursal (f)	cabang	[ʧabaŋ]
consultor (m)	konsultan	[konsultan]
gerente (m)	manajer	[manadʒʲer]
cuenta (f)	rekening	[rekeniŋ]
numero (m) de la cuenta	nomor rekening	[nomor rekeniŋ]
cuenta (f) corriente	rekening koran	[rekeniŋ koran]
cuenta (f) de ahorros	rekening simpanan	[rekeniŋ simpanan]
abrir una cuenta	membuka rekening	[membuka rekeniŋ]
cerrar la cuenta	menutup rekening	[mənutup rekeniŋ]
ingresar en la cuenta	memasukkan ke rekening	[memasuʔkan ke rekeniŋ]
sacar de la cuenta	menarik uang	[mənariʔ uaŋ]
depósito (m)	deposito	[deposito]
hacer un depósito	melakukan setoran	[melakukan setoran]
giro (m) bancario	transfer kawat	[transfer kawat]
hacer un giro	mentransfer	[məntransfer]
suma (f)	jumlah	[dʒʲumlah]
¿Cuánto?	Berapa?	[berapa?]
firma (f) (nombre)	tanda tangan	[tanda taŋan]
firmar (vt)	menandatangani	[mənandataŋani]
tarjeta (f) de crédito	kartu kredit	[kartu kredit]
código (m)	kode	[kode]
número (m) de tarjeta de crédito	nomor kartu kredit	[nomor kartu kredit]
cajero (m) automático	Anjungan Tunai Mandiri, ATM	[andʒʲuŋan tunaj mandiri], [a-te-em]
cheque (m)	cek	[ʧeʔ]
sacar un cheque	menulis cek	[mənulis ʧeʔ]
talonario (m)	buku cek	[buku ʧeʔ]
crédito (m)	kredit, pinjaman	[kredit], [pindʒʲaman]
pedir el crédito	meminta kredit	[meminta kredit]
obtener un crédito	mendapatkan kredit	[məndapatkan kredit]
conceder un crédito	memberikan kredit	[memberikan kredit]
garantía (f)	jaminan	[dʒʲaminan]

98. El teléfono. Las conversaciones telefónicas

teléfono (m)	**telepon**	[telepon]
teléfono (m) móvil	**ponsel**	[ponsel]
contestador (m)	**mesin penjawab panggilan**	[mesin penʤawab paŋilan]
llamar, telefonear	**menelepon**	[mənelepon]
llamada (f)	**panggilan telepon**	[paŋilan telepon]
marcar un número	**memutar nomor telepon**	[memutar nomor telepon]
¿Sí?, ¿Dígame?	**Halo!**	[halo!]
preguntar (vt)	**bertanya**	[bərtanja]
responder (vi, vt)	**menjawab**	[mənʤawab]
oír (vt)	**mendengar**	[məndeŋar]
bien (adv)	**baik**	[bajʔ]
mal (adv)	**buruk, jelek**	[buruk], [ʤʲeleʔ]
ruidos (m pl)	**bising, gangguan**	[bisiŋ], [gaŋguan]
auricular (m)	**gagang**	[gagaŋ]
descolgar (el teléfono)	**mengangkat telepon**	[məŋaŋkat telepon]
colgar el auricular	**menutup telepon**	[mənutup telepon]
ocupado (adj)	**sibuk**	[sibuʔ]
sonar (teléfono)	**berdering**	[bərderiŋ]
guía (f) de teléfonos	**buku telepon**	[buku telepon]
local (adj)	**lokal**	[lokal]
llamada (f) local	**panggilan lokal**	[paŋilan lokal]
de larga distancia	**interlokal**	[interlokal]
llamada (f) de larga distancia	**panggilan interlokal**	[paŋilan interlokal]
internacional (adj)	**internasional**	[internasional]
llamada (f) internacional	**panggilan internasional**	[paŋilan internasional]

99. El teléfono celular

teléfono (m) móvil	**ponsel**	[ponsel]
pantalla (f)	**layar**	[lajar]
botón (m)	**kenop**	[kenop]
tarjeta SIM (f)	**kartu SIM**	[kartu sim]
pila (f)	**baterai**	[bateraj]
descargarse (vr)	**mati**	[mati]
cargador (m)	**pengisi baterai, pengecas**	[peɲisi bateraj], [peɲetʃas]
menú (m)	**menu**	[menu]
preferencias (f pl)	**penyetelan**	[penjetelan]
melodía (f)	**nada panggil**	[nada paŋil]
seleccionar (vt)	**memilih**	[memilih]
calculadora (f)	**kalkulator**	[kalkulator]
contestador (m)	**penjawab telepon**	[penʤawab telepon]
despertador (m)	**weker**	[weker]

contactos (m pl)	buku telepon	[buku telepon]
mensaje (m) de texto	pesan singkat	[pesan siŋkat]
abonado (m)	pelanggan	[pelaŋgan]

100. Los artículos de escritorio. La papelería

| bolígrafo (m) | bolpen | [bolpen] |
| pluma (f) estilográfica | pena celup | [pena ʧelup] |

lápiz (m)	pensil	[pensil]
marcador (m)	spidol	[spidol]
rotulador (m)	spidol	[spidol]

| bloc (m) de notas | buku catatan | [buku ʧatatan] |
| agenda (f) | agenda | [agenda] |

regla (f)	mistar, penggaris	[mistar], [peŋgaris]
calculadora (f)	kalkulator	[kalkulator]
goma (f) de borrar	karet penghapus	[karet peŋhapus]
chincheta (f)	paku payung	[paku pajuŋ]
clip (m)	penjepit kertas	[pendʒepit kertas]

cola (f), pegamento (m)	lem	[lem]
grapadora (f)	stapler	[stapler]
perforador (m)	alat pelubang kertas	[alat pelubaŋ kertas]
sacapuntas (m)	rautan pensil	[rautan pensil]

El trabajo. Los negocios. Unidad 2

periódico (m)	koran	[koran]
revista (f)	majalah	[madʒⁱalah]
prensa (f)	pers	[pers]
radio (f)	radio	[radio]
estación (f) de radio	stasiun radio	[stasiun radio]
televisión (f)	televisi	[televisi]
presentador (m)	pembawa acara	[pembawa atʃara]
presentador (m) de noticias	penyiar	[penjiar]
comentarista (m)	komentator	[komentator]
periodista (m)	wartawan	[wartawan]
corresponsal (m)	koresponden	[koresponden]
corresponsal (m) fotográfico	fotografer pers	[fotografer pers]
reportero (m)	reporter, pewarta	[reporter], [pewarta]
redactor (m)	editor, penyunting	[editor], [penyuntiŋ]
redactor jefe (m)	editor kepala	[editor kepala]
suscribirse (vr)	berlangganan ...	[bərlaŋganan ...]
suscripción (f)	langganan	[laŋganan]
suscriptor (m)	pelanggan	[pelaŋgan]
leer (vi, vt)	membaca	[membatʃa]
lector (m)	pembaca	[pembatʃa]
tirada (f)	oplah	[oplah]
mensual (adj)	bulanan	[bulanan]
semanal (adj)	mingguan	[miŋguan]
número (m)	edisi	[edisi]
nuevo (~ número)	baru	[baru]
titular (m)	kepala berita	[kepala bərita]
noticia (f)	artikel singkat	[artikel siŋkat]
columna (f)	kolom	[kolom]
artículo (m)	artikel	[artikel]
página (f)	halaman	[halaman]
reportaje (m)	reportase	[reportase]
evento (m)	peristiwa, kejadian	[pəristiwa], [kedʒⁱadian]
sensación (f)	sensasi	[sensasi]
escándalo (m)	skandal	[skandal]
escandaloso (adj)	penuh skandal	[penuh skandal]
gran (~ escándalo)	besar	[besar]
emisión (f)	program	[program]
entrevista (f)	wawancara	[wawantʃara]

| transmisión (f) en vivo | siaran langsung | [siaran laŋsuŋ] |
| canal (m) | saluran | [saluran] |

102. La agricultura

agricultura (f)	pertanian	[pərtanian]
campesino (m)	petani	[petani]
campesina (f)	petani	[petani]
granjero (m)	petani	[petani]

| tractor (m) | traktor | [traktor] |
| cosechadora (f) | mesin pemanen | [mesin pemanen] |

arado (m)	bajak	[badʒّaʔ]
arar (vi, vt)	membajak, menenggala	[membadʒّak], [menengala]
labrado (m)	tanah garapan	[tanah garapan]
surco (m)	alur	[alur]

sembrar (vi, vt)	menanam	[mənanam]
sembradora (f)	mesin penanam	[mesin penanam]
siembra (f)	penanaman	[penanaman]

| guadaña (f) | sabit | [sabit] |
| segar (vi, vt) | menyabit | [mənjabit] |

| pala (f) | sekop | [sekop] |
| layar (vt) | menggali | [mənggali] |

azada (f)	cangkul	[ʧaŋkul]
sachar, escardar	menyiangi	[mənjiaŋi]
mala hierba (f)	gulma	[gulma]

regadera (f)	kaleng penyiram	[kaleŋ penjiram]
regar (plantas)	menyiram	[mənjiram]
riego (m)	penyiraman	[penjiraman]

| horquilla (f) | garpu ramput | [garpu ramput] |
| rastrillo (m) | penggaruk | [peŋgaruʔ] |

fertilizante (m)	pupuk	[pupuʔ]
abonar (vt)	memupuk	[memupuʔ]
estiércol (m)	pupuk kandang	[pupuʔ kandaŋ]

campo (m)	ladang	[ladaŋ]
prado (m)	padang rumput	[padaŋ rumput]
huerta (f)	kebun sayur	[kebun sajur]
jardín (m)	kebun buah	[kebun buah]

pacer (vt)	menggembalakan	[məŋgembalakan]
pastor (m)	penggembala	[peŋgembala]
pastadero (m)	padang penggembalaan	[padaŋ peŋgembalaʔan]

| ganadería (f) | peternakan | [peternakan] |
| cría (f) de ovejas | peternakan domba | [peternakan domba] |

plantación (f)	perkebunan	[pərkebunan]
hilera (f) (~ de cebollas)	bedeng	[bedeŋ]
invernadero (m)	rumah kaca	[rumah katʃa]
sequía (f)	musim kering	[musim keriŋ]
seco, árido (adj)	kering	[keriŋ]
grano (m)	biji	[bidʒi]
cereales (m pl)	serealia	[serealia]
recolectar (vt)	memanen	[memanen]
molinero (m)	penggiling	[peŋgiliŋ]
molino (m)	kincir	[kintʃir]
moler (vt)	menggiling	[məŋgiliŋ]
harina (f)	tepung	[tepuŋ]
paja (f)	jerami	[dʒʲerami]

103. La construcción. El proceso de construcción

obra (f)	lokasi pembangunan	[lokasi pembaŋunan]
construir (vt)	membangun	[membaŋun]
albañil (m)	buruh bangunan	[buruh baŋunan]
proyecto (m)	proyek	[proeʔ]
arquitecto (m)	arsitek	[arsiteʔ]
obrero (m)	buruh, pekerja	[buruh], [pekerdʒʲa]
cimientos (m pl)	fondasi	[fondasi]
techo (m)	atap	[atap]
pila (f) de cimentación	tiang fondasi	[tiaŋ fondasi]
muro (m)	dinding	[dindiŋ]
armadura (f)	kerangka besi	[keraŋka besi]
andamio (m)	perancah	[pərantʃah]
hormigón (m)	beton	[beton]
granito (m)	granit	[granit]
piedra (f)	batu	[batu]
ladrillo (m)	bata, batu bata	[bata], [batu bata]
arena (f)	pasir	[pasir]
cemento (m)	semen	[semen]
estuco (m)	lepa, plester	[lepa], [plester]
estucar (vt)	melepa	[melepa]
pintura (f)	cat	[tʃat]
pintar (las paredes)	mengecat	[məŋetʃat]
barril (m)	tong	[toŋ]
grúa (f)	derek	[dereʔ]
levantar (vt)	menaikkan	[mənajʲkan]
bajar (vt)	menurunkan	[mənurunkan]
bulldózer (m)	buldoser	[buldozer]
excavadora (f)	ekskavator	[ekskavator]

cuchara (f)	**sudu pengeruk**	[sudu peŋeruʔ]
cavar (vt)	**menggali**	[məŋgali]
casco (m)	**topi baja**	[topi badʒʲa]

Las profesiones y los oficios

104. La búsqueda de trabajo. El despido

trabajo (m)	kerja, pekerjaan	[kerdʒa], [pekerdʒa'an]
empleados (pl)	staf, personalia	[staf], [personalia]
personal (m)	staf, personel	[staf], [personel]
carrera (f)	karier	[karier]
perspectiva (f)	perspektif	[perspektif]
maestría (f)	keterampilan	[keterampilan]
selección (f)	pilihan	[pilihan]
agencia (f) de empleo	biro tenaga kerja	[biro tenaga kerdʒa]
curriculum vitae (m)	resume	[resume]
entrevista (f)	wawancara kerja	[wawantʃara kerdʒa]
vacancia (f)	lowongan	[lowoŋan]
salario (m)	gaji, upah	[gadʒi], [upah]
salario (m) fijo	gaji tetap	[gadʒi tetap]
remuneración (f)	bayaran	[bajaran]
puesto (m) (trabajo)	jabatan	[dʒabatan]
deber (m)	tugas	[tugas]
gama (f) de deberes	bidang tugas	[bidaŋ tugas]
ocupado (adj)	sibuk	[sibu']
despedir (vt)	memecat	[memetʃat]
despido (m)	pemecatan	[pemetʃatan]
desempleo (m)	pengangguran	[peŋaŋguran]
desempleado (m)	pengganggur	[peŋgaŋgur]
jubilación (f)	pensiun	[pensiun]
jubilarse	pensiun	[pensiun]

105. Los negociantes

director (m)	direktur	[direktur]
gerente (m)	manajer	[manadʒer]
jefe (m)	bos, atasan	[bos], [atasan]
superior (m)	atasan	[atasan]
superiores (m pl)	atasan	[atasan]
presidente (m)	presiden	[presiden]
presidente (m) (de compañía)	ketua, dirut	[ketua], [dirut]
adjunto (m)	wakil	[wakil]
asistente (m)	asisten	[asisten]

secretario, -a (m, f)	sekretaris	[sekretaris]
secretario (m) particular	asisten pribadi	[asisten pribadi]
hombre (m) de negocios	pengusaha, pebisnis	[peŋusaha], [pebisnis]
emprendedor (m)	pengusaha	[peŋusaha]
fundador (m)	pendiri	[pendiri]
fundar (vt)	mendirikan	[məndirikan]
institutor (m)	pendiri	[pendiri]
socio (m)	mitra	[mitra]
accionista (m)	pemegang saham	[pemegaŋ saham]
millonario (m)	jutawan	[dʒʲutawan]
multimillonario (m)	miliarder	[miliarder]
propietario (m)	pemilik	[pemiliʔ]
terrateniente (m)	tuan tanah	[tuan tanah]
cliente (m)	klien	[klien]
cliente (m) habitual	klien tetap	[klien tetap]
comprador (m)	pembeli	[pembeli]
visitante (m)	tamu	[tamu]
profesional (m)	profesional	[profesional]
experto (m)	pakar, ahli	[pakar], [ahli]
especialista (m)	spesialis, ahli	[spesialis], [ahli]
banquero (m)	bankir	[bankir]
broker (m)	broker, pialang	[broker], [pialaŋ]
cajero (m)	kasir	[kasir]
contable (m)	akuntan	[akuntan]
guardia (m) de seguridad	satpam, pengawal	[satpam], [peŋawal]
inversionista (m)	investor	[investor]
deudor (m)	debitur	[debitur]
acreedor (m)	kreditor	[kreditor]
prestatario (m)	peminjam	[pemindʒʲam]
importador (m)	importir	[importir]
exportador (m)	eksportir	[eksportir]
productor (m)	produsen	[produsen]
distribuidor (m)	penyalur	[penjalur]
intermediario (m)	perantara	[pərantara]
asesor (m) (~ fiscal)	konsultan	[konsultan]
representante (m)	perwakilan penjualan	[pərwakilan pendʒʲualan]
agente (m)	agen	[agen]
agente (m) de seguros	agen asuransi	[agen asuransi]

106. Los trabajos de servicio

cocinero (m)	koki, juru masak	[koki], [dʒʲuru masaʔ]
jefe (m) de cocina	koki kepala	[koki kepala]

panadero (m)	pembuat roti	[pembuat roti]
barman (m)	pelayan bar	[pelajan bar]
camarero (m)	pelayan lelaki	[pelajan lelaki]
camarera (f)	pelayan perempuan	[pelajan pərempuan]
abogado (m)	advokat, pengacara	[advokat], [peŋatʃara]
jurista (m)	ahli hukum	[ahli hukum]
notario (m)	notaris	[notaris]
electricista (m)	tukang listrik	[tukaŋ listriʔ]
fontanero (m)	tukang pipa	[tukaŋ pipa]
carpintero (m)	tukang kayu	[tukaŋ kaju]
masajista (m)	tukang pijat lelaki	[tukaŋ pidʒˡat lelaki]
masajista (f)	tukang pijat perempuan	[tukaŋ pidʒˡat pərempuan]
médico (m)	dokter	[dokter]
taxista (m)	sopir taksi	[sopir taksi]
chofer (m)	sopir	[sopir]
repartidor (m)	kurir	[kurir]
camarera (f)	pelayan kamar	[pelajan kamar]
guardia (m) de seguridad	satpam, pengawal	[satpam], [peŋawal]
azafata (f)	pramugari	[pramugari]
profesor (m) (~ de baile, etc.)	guru	[guru]
bibliotecario (m)	pustakawan	[pustakawan]
traductor (m)	penerjemah	[penerdʒˡemah]
intérprete (m)	juru bahasa	[dʒˡuru bahasa]
guía (m)	pemandu wisata	[pemandu wisata]
peluquero (m)	tukang cukur	[tukaŋ tʃukur]
cartero (m)	tukang pos	[tukaŋ pos]
vendedor (m)	pramuniaga	[pramuniaga]
jardinero (m)	tukang kebun	[tukaŋ kebun]
servidor (m)	pramuwisma	[pramuwisma]
criada (f)	pramuwisma	[pramuwisma]
mujer (f) de la limpieza	pembersih ruangan	[pembersih ruaŋan]

107. La profesión militar y los rangos

soldado (m) raso	prajurit	[pradʒˡurit]
sargento (m)	sersan	[sersan]
teniente (m)	letnan	[letnan]
capitán (m)	kapten	[kapten]
mayor (m)	mayor	[major]
coronel (m)	kolonel	[kolonel]
general (m)	jenderal	[dʒˡenderal]
mariscal (m)	marsekal	[marsekal]
almirante (m)	laksamana	[laksamana]
militar (m)	anggota militer	[aŋgota militer]
soldado (m)	tentara, serdadu	[tentara], [serdadu]

oficial (m)	perwira	[pərwira]
comandante (m)	komandan	[komandan]
guardafronteras (m)	penjaga perbatasan	[pendʒⁱaga pərbatasan]
radio-operador (m)	operator radio	[operator radio]
explorador (m)	pengintai	[peɲintaj]
zapador (m)	pencari ranjau	[pentʃari randʒⁱau]
tirador (m)	petembak	[petembaʔ]
navegador (m)	navigator, penavigasi	[navigator], [penavigasi]

108. Los oficiales. Los sacerdotes

rey (m)	raja	[radʒⁱa]
reina (f)	ratu	[ratu]
príncipe (m)	pangeran	[paŋeran]
princesa (f)	putri	[putri]
zar (m)	tsar, raja	[tsar], [radʒⁱa]
zarina (f)	tsarina, ratu	[tsarina], [ratu]
presidente (m)	presiden	[presiden]
ministro (m)	Menteri Sekretaris	[mənteri sekretaris]
primer ministro (m)	perdana menteri	[pərdana menteri]
senador (m)	senator	[senator]
diplomático (m)	diplomat	[diplomat]
cónsul (m)	konsul	[konsul]
embajador (m)	duta besar	[duta besar]
consejero (m)	penasihat	[penasihat]
funcionario (m)	petugas	[petugas]
prefecto (m)	prefek	[prefeʔ]
alcalde (m)	walikota	[walikota]
juez (m)	hakim	[hakim]
fiscal (m)	kejaksaan negeri	[kedʒⁱaksaʔan negeri]
misionero (m)	misionaris	[misionaris]
monje (m)	biarawan, rahib	[biarawan], [rahib]
abad (m)	abbas	[abbas]
rabino (m)	rabbi	[rabbi]
visir (m)	wazir	[wazir]
sha (m)	syah	[ʃah]
jeque (m)	syeikh	[ʃejh]

109. Las profesiones agrícolas

apicultor (m)	peternak lebah	[peternaʔ lebah]
pastor (m)	penggembala	[peŋgembala]
agrónomo (m)	agronom	[agronom]

| ganadero (m) | peternak | [peternaʔ] |
| veterinario (m) | dokter hewan | [dokter hewan] |

granjero (m)	petani	[petani]
vinicultor (m)	pembuat anggur	[pembuat aŋgur]
zoólogo (m)	zoolog	[zoolog]
vaquero (m)	koboi	[koboi]

110. Las profesiones artísticas

| actor (m) | aktor | [aktor] |
| actriz (f) | aktris | [aktris] |

| cantante (m) | biduan | [biduan] |
| cantante (f) | biduanita | [biduanita] |

| bailarín (m) | penari lelaki | [penari lelaki] |
| bailarina (f) | penari perempuan | [penari pərempuan] |

| artista (m) | artis | [artis] |
| artista (f) | artis | [artis] |

músico (m)	musisi, musikus	[musisi], [musikus]
pianista (m)	pianis	[pianis]
guitarrista (m)	pemain gitar	[pemajn gitar]

director (m) de orquesta	konduktor	[konduktor]
compositor (m)	komposer, komponis	[komposer], [komponis]
empresario (m)	impresario	[impresario]

director (m) de cine	sutradara	[sutradara]
productor (m)	produser	[produser]
guionista (m)	penulis skenario	[penulis skenario]
crítico (m)	kritikus	[kritikus]

escritor (m)	penulis	[penulis]
poeta (m)	penyair	[penjajr]
escultor (m)	pematung	[pematuŋ]
pintor (m)	perupa	[pərupa]

malabarista (m)	juggler	[dʒˡuggler]
payaso (m)	badut	[badut]
acróbata (m)	akrobat	[akrobat]
ilusionista (m)	pesulap	[pesulap]

111. Profesiones diversas

médico (m)	dokter	[dokter]
enfermera (f)	suster, juru rawat	[suster], [dʒˡuru rawat]
psiquiatra (m)	psikiater	[psikiater]
dentista (m)	dokter gigi	[dokter gigi]
cirujano (m)	dokter bedah	[dokter bedah]

astronauta (m)	astronaut	[astronaut]
astrónomo (m)	astronom	[astronom]
piloto (m)	pilot	[pilot]

conductor (m) (chófer)	sopir	[sopir]
maquinista (m)	masinis	[masinis]
mecánico (m)	mekanik	[mekaniʔ]

minero (m)	penambang	[penambaŋ]
obrero (m)	buruh, pekerja	[buruh], [pekerdʒʲa]
cerrajero (m)	tukang kikir	[tukaŋ kikir]
carpintero (m)	tukang kayu	[tukaŋ kaju]
tornero (m)	tukang bubut	[tukaŋ bubut]
albañil (m)	buruh bangunan	[buruh baŋunan]
soldador (m)	tukang las	[tukaŋ las]

profesor (m) (título)	profesor	[profesor]
arquitecto (m)	arsitek	[arsiteʔ]
historiador (m)	sejarawan	[sedʒʲarawan]
científico (m)	ilmuwan	[ilmuwan]
físico (m)	fisikawan	[fisikawan]
químico (m)	kimiawan	[kimiawan]

arqueólogo (m)	arkeolog	[arkeolog]
geólogo (m)	geolog	[geolog]
investigador (m)	periset, peneliti	[pəriset], [peneliti]

niñera (f)	pengasuh anak	[peŋasuh anaʔ]
pedagogo (m)	guru, pendidik	[guru], [pendidiʔ]

redactor (m)	editor, penyunting	[editor], [penyuntiŋ]
redactor jefe (m)	editor kepala	[editor kepala]
corresponsal (m)	koresponden	[koresponden]
mecanógrafa (f)	juru ketik	[dʒʲuru ketiʔ]

diseñador (m)	desainer, perancang	[desajner], [pərantʃaŋ]
especialista (m) en ordenadores	ahli komputer	[ahli komputer]
programador (m)	pemrogram	[pemrogram]
ingeniero (m)	insinyur	[insinyur]

marino (m)	pelaut	[pelaut]
marinero (m)	kelasi	[kelasi]
socorrista (m)	penyelamat	[penjelamat]

bombero (m)	pemadam kebakaran	[pemadam kebakaran]
policía (m)	polisi	[polisi]
vigilante (m) nocturno	penjaga	[pendʒʲaga]
detective (m)	detektif	[detektif]

aduanero (m)	petugas pabean	[petugas pabean]
guardaespaldas (m)	pengawal pribadi	[peŋawal pribadi]
guardia (m) de prisiones	sipir, penjaga penjara	[sipir], [pendʒʲaga pendʒʲara]
inspector (m)	inspektur	[inspektur]
deportista (m)	olahragawan	[olahragawan]
entrenador (m)	pelatih	[pelatih]

carnicero (m)	**tukang daging**	[tukaŋ dagiŋ]
zapatero (m)	**tukang sepatu**	[tukaŋ sepatu]
comerciante (m)	**pedagang**	[pedagaŋ]
cargador (m)	**kuli**	[kuli]

diseñador (m) de modas	**perancang busana**	[pərantʃaŋ busana]
modelo (f)	**peragawati**	[pəragawati]

112. Los trabajos. El estatus social

escolar (m)	**siswa**	[siswa]
estudiante (m)	**mahasiswa**	[mahasiswa]

filósofo (m)	**filsuf**	[filsuf]
economista (m)	**ahli ekonomi**	[ahli ekonomi]
inventor (m)	**penemu**	[penemu]

desempleado (m)	**pengganggur**	[peŋgaŋgur]
jubilado (m)	**pensiunan**	[pensiunan]
espía (m)	**mata-mata**	[mata-mata]

prisionero (m)	**tahanan**	[tahanan]
huelguista (m)	**pemogok**	[pemogoʔ]
burócrata (m)	**birokrat**	[birokrat]
viajero (m)	**pelancong**	[pelantʃoŋ]

homosexual (m)	**homo, homoseksual**	[homo], [homoseksual]
hacker (m)	**peretas**	[pəretas]
hippie (m)	**hipi**	[hipi]

bandido (m)	**bandit**	[bandit]
sicario (m)	**pembunuh bayaran**	[pembunuh bajaran]
drogadicto (m)	**pecandu narkoba**	[petʃandu narkoba]
narcotraficante (m)	**pengedar narkoba**	[peŋedar narkoba]
prostituta (f)	**pelacur**	[pelatʃur]
chulo (m), proxeneta (m)	**germo**	[germo]

brujo (m)	**penyihir lelaki**	[penjihir lelaki]
bruja (f)	**penyihir perempuan**	[penjihir pərempuan]
pirata (m)	**bajak laut**	[badʒʲaʔ laut]
esclavo (m)	**budak**	[budaʔ]
samurai (m)	**samurai**	[samuraj]
salvaje (m)	**orang primitif**	[oraŋ primitif]

Los deportes

deportista (m)	olahragawan	[olahragawan]
tipo (m) de deporte	jenis olahraga	[dʒᵗenis olahraga]
baloncesto (m)	bola basket	[bola basket]
baloncestista (m)	pemain bola basket	[pemajn bola basket]
béisbol (m)	bisbol	[bisbol]
beisbolista (m)	pemain bisbol	[pemajn bisbol]
fútbol (m)	sepak bola	[sepaʔ bola]
futbolista (m)	pemain sepak bola	[pemajn sepaʔ bola]
portero (m)	kiper, penjaga gawang	[kiper], [pendʒᵗaga gawaŋ]
hockey (m)	hoki	[hoki]
jugador (m) de hockey	pemain hoki	[pemajn hoki]
voleibol (m)	bola voli	[bola voli]
voleibolista (m)	pemain bola voli	[pemajn bola voli]
boxeo (m)	tinju	[tindʒᵗu]
boxeador (m)	petinju	[petindʒᵗu]
lucha (f)	gulat	[gulat]
luchador (m)	pegulat	[pegulat]
kárate (m)	karate	[karate]
karateka (m)	karateka	[karateka]
judo (m)	judo	[dʒᵗudo]
judoka (m)	pejudo	[pedʒᵗudo]
tenis (m)	tenis	[tenis]
tenista (m)	petenis	[petenis]
natación (f)	berenang	[bərenaŋ]
nadador (m)	perenang	[pərenaŋ]
esgrima (f)	anggar	[aŋgar]
esgrimidor (m)	pemain anggar	[pemajn aŋgar]
ajedrez (m)	catur	[tʃatur]
ajedrecista (m)	pecatur	[petʃatur]
alpinismo (m)	mendaki gunung	[məndaki gunuŋ]
alpinista (m)	pendaki gunung	[pendaki gunuŋ]
carrera (f)	lari	[lari]

corredor (m)	pelari	[pelari]
atletismo (m)	atletik	[atletiˀ]
atleta (m)	atlet	[atlet]

| deporte (m) hípico | menunggang kuda | [mənuŋgaŋ kuda] |
| jinete (m) | penunggang kuda | [penuŋgaŋ kuda] |

patinaje (m) artístico	seluncur indah	[seluntʃur indah]
patinador (m)	peseluncur indah	[peseluntʃur indah]
patinadora (f)	peseluncur indah	[peseluntʃur indah]

| levantamiento (m) de pesas | angkat berat | [aŋkat bərat] |
| levantador (m) de pesas | atlet angkat berat | [atlet aŋkat bərat] |

| carreras (f pl) de coches | balapan mobil | [balapan mobil] |
| piloto (m) de carreras | pembalap mobil | [pembalap mobil] |

| ciclismo (m) | bersepeda | [bərsepeda] |
| ciclista (m) | atlet sepeda | [atlet sepeda] |

salto (m) de longitud	lompat jauh	[lompat dʒˈauh]
salto (m) con pértiga	lompat galah	[lompat galah]
saltador (m)	atlet lompat, pelompat	[atlet lompat], [pelompat]

114. Tipos de deportes. Miscelánea

fútbol (m) americano	futbol	[futbol]
bádminton (m)	badminton, bulu tangkis	[badminton], [bulu taŋkis]
biatlón (m)	biathlon	[biatlon]
billar (m)	biliar	[biliar]

bobsleigh (m)	bobsled	[bobsled]
culturismo (m)	binaraga	[binaraga]
waterpolo (m)	polo air	[polo air]
balonmano (m)	bola tangan	[bola taŋan]
golf (m)	golf	[golf]

remo (m)	mendayung	[məndajuŋ]
buceo (m)	selam skuba	[selam skuba]
esquí (m) de fondo	ski lintas alam	[ski lintas alam]
tenis (m) de mesa	tenis meja	[tenis medʒˈa]

vela (f)	berlayar	[bərlajar]
rally (m)	balap reli	[balap reli]
rugby (m)	rugbi	[rugbi]
snowboarding (m)	seluncur salju	[seluntʃur saldʒˈu]
tiro (m) con arco	memanah	[memanah]

115. El gimnasio

| barra (f) de pesas | barbel | [barbel] |
| pesas (f pl) | dumbel | [dumbel] |

aparato (m) de ejercicios	alat senam	[alat senam]
bicicleta (f) estática	sepeda statis	[sepeda statis]
cinta (f) de correr	treadmill	[tredmil]

barra (f) fija	rekstok	[reksto?]
barras (f pl) paralelas	palang sejajar	[palaŋ sedʒʲadʒʲar]
potro (m)	kuda-kuda	[kuda-kuda]
colchoneta (f)	matras	[matras]

comba (f)	lompat tali	[lompat tali]
aeróbica (f)	aerobik	[aerobi?]
yoga (m)	yoga	[yoga]

116. Los deportes. Miscelánea

Juegos (m pl) Olímpicos	Olimpiade	[olimpiade]
vencedor (m)	pemenang	[pemenaŋ]
vencer (vi)	unggul	[uŋgul]
ganar (vi)	menang	[menaŋ]

| líder (m) | pemimpin | [pemimpin] |
| liderar (vt) | memimpin | [memimpin] |

primer puesto (m)	tempat pertama	[tempat pertama]
segundo puesto (m)	tempat kedua	[tempat kedua]
tercer puesto (m)	tempat ketiga	[tempat ketiga]

medalla (f)	medali	[medali]
trofeo (m)	trofi	[trofi]
copa (f) (trofeo)	piala	[piala]
premio (m)	hadiah	[hadiah]
premio (m) principal	hadiah utama	[hadiah utama]

| record (m) | rekor | [rekor] |
| establecer un record | menciptakan rekor | [mənʧiptakan rekor] |

| final (m) | final | [final] |
| de final (adj) | final | [final] |

| campeón (m) | juara | [dʒʲuara] |
| campeonato (m) | kejuaraan | [kedʒʲuara?an] |

estadio (m)	stadion	[stadion]
gradería (f)	tribun	[tribun]
hincha (m)	pendukung	[pendukuŋ]
adversario (m)	lawan	[lawan]

| arrancadero (m) | start | [start] |
| línea (f) de meta | finis | [finis] |

derrota (f)	kekalahan	[kekalahan]
perder (vi)	kalah	[kalah]
árbitro (m)	wasit	[wasit]
jurado (m)	juri	[dʒʲuri]

cuenta (f)	skor	[skor]
empate (m)	seri, hasil imbang	[seri], [hasil imbaŋ]
empatar (vi)	bermain seri	[bərmajn seri]
punto (m)	poin	[poin]
resultado (m)	skor, hasil akhir	[skor], [hasil ahir]
tiempo (m)	babak	[baba']
descanso (m)	waktu istirahat	[waktu istirahat]
droga (f), doping (m)	doping	[dopiŋ]
penalizar (vt)	menghukum	[məŋhukum]
descalificar (vt)	mendiskualifikasi	[məndiskualifikasi]
aparato (m)	alat olahraga	[alat olahraga]
jabalina (f)	lembing	[lembiŋ]
peso (m) (lanzamiento de ~)	peluru	[peluru]
bola (f) (billar, etc.)	bola	[bola]
objetivo (m)	sasaran	[sasaran]
blanco (m)	sasaran	[sasaran]
tirar (vi)	menembak	[mənemba']
preciso (~ disparo)	akurat	[akurat]
entrenador (m)	pelatih	[pelatih]
entrenar (vt)	melatih	[melatih]
entrenarse (vr)	berlatih	[bərlatih]
entrenamiento (m)	latihan	[latihan]
gimnasio (m)	gimnasium	[gimnasium]
ejercicio (m)	latihan	[latihan]
calentamiento (m)	pemanasan	[pemanasan]

La educación

escuela (f)	sekolah	[sekolah]
director (m) de escuela	kepala sekolah	[kepala sekolah]
alumno (m)	murid laki-laki	[murid laki-laki]
alumna (f)	murid perempuan	[murid perempuan]
escolar (m)	siswa	[siswa]
escolar (f)	siswi	[siswi]
enseñar (vt)	mengajar	[məŋadʒ'ar]
aprender (ingles, etc.)	belajar	[beladʒ'ar]
aprender de memoria	menghafalkan	[məŋhafalkan]
aprender (a leer, etc.)	belajar	[beladʒ'ar]
estar en la escuela	bersekolah	[bərsekolah]
ir a la escuela	ke sekolah	[ke sekolah]
alfabeto (m)	alfabet, abjad	[alfabet], [abdʒ'ad]
materia (f)	subjek, mata pelajaran	[subdʒ'ek], [mata peladʒ'aran]
aula (f)	ruang kelas	[ruaŋ kelas]
lección (f)	pelajaran	[peladʒ'aran]
recreo (m)	waktu istirahat	[waktu istirahat]
campana (f)	lonceng	[lontʃeŋ]
pupitre (m)	bangku sekolah	[baŋku sekolah]
pizarra (f)	papan tulis hitam	[papan tulis hitam]
nota (f)	nilai	[nilaj]
buena nota (f)	nilai baik	[nilaj baj']
mala nota (f)	nilai jelek	[nilaj dʒ'ele']
poner una nota	memberikan nilai	[memberikan nilaj]
falta (f)	kesalahan	[kesalahan]
hacer faltas	melakukan kesalahan	[melakukan kesalahan]
corregir (un error)	mengoreksi	[məŋoreksi]
chuleta (f)	contekan	[tʃontekan]
deberes (m pl) de casa	pekerjaan rumah	[pekerdʒ'a'an rumah]
ejercicio (m)	latihan	[latihan]
estar presente	hadir	[hadir]
estar ausente	absen, tidak hadir	[absen], [tida' hadir]
faltar a las clases	absen dari sekolah	[absen dari sekolah]
castigar (vt)	menghukum	[məŋhukum]
castigo (m)	hukuman	[hukuman]
conducta (f)	perilaku	[pərilaku]

libreta (f) de notas	rapor	[rapor]
lápiz (m)	pensil	[pensil]
goma (f) de borrar	karet penghapus	[karet peŋhapus]
tiza (f)	kapur	[kapur]
cartuchera (f)	kotak pensil	[kota' pensil]
mochila (f)	tas sekolah	[tas sekolah]
bolígrafo (m)	pen	[pen]
cuaderno (m)	buku tulis	[buku tulis]
manual (m)	buku pelajaran	[buku peladʒ'aran]
compás (m)	paser, jangka	[paser], [dʒ'aŋka]
trazar (vi, vt)	menggambar	[məŋgambar]
dibujo (m) técnico	gambar teknik	[gambar tekni']
poema (m), poesía (f)	puisi, sajak	[puisi], [sadʒ'a']
de memoria (adv)	hafal	[hafal]
aprender de memoria	menghafalkan	[məŋhafalkan]
vacaciones (f pl)	liburan sekolah	[liburan sekolah]
estar de vacaciones	berlibur	[bərlibur]
pasar las vacaciones	menjalani liburan	[məndʒ'alani liburan]
prueba (f) escrita	tes, kuis	[tes], [kuis]
composición (f)	esai, karangan	[esaj], [karaŋan]
dictado (m)	dikte	[dikte]
examen (m)	ujian	[udʒian]
hacer un examen	menempuh ujian	[mənempuh udʒian]
experimento (m)	eksperimen	[eksperimen]

118. Los institutos. La Universidad

academia (f)	akademi	[akademi]
universidad (f)	universitas	[universitas]
facultad (f)	fakultas	[fakultas]
estudiante (m)	mahasiswa	[mahasiswa]
estudiante (f)	mahasiswi	[mahasiswi]
profesor (m)	dosen	[dosen]
aula (f)	ruang kuliah	[ruaŋ kuliah]
graduado (m)	lulusan	[lulusan]
diploma (m)	ijazah	[idʒ'azah]
tesis (f) de grado	disertasi	[disertasi]
estudio (m)	penelitian	[penelitian]
laboratorio (m)	laboratorium	[laboratorium]
clase (f)	kuliah	[kuliah]
compañero (m) de curso	rekan sekuliah	[rekan sekuliah]
beca (f)	beasiswa	[beasiswa]
grado (m) académico	gelar akademik	[gelar akademi']

119. Las ciencias. Las disciplinas

matemáticas (f pl)	matematika	[matematika]
álgebra (f)	aljabar	[aldʒabar]
geometría (f)	geometri	[geometri]

astronomía (f)	astronomi	[astronomi]
biología (f)	biologi	[biologi]
geografía (f)	geografi	[geografi]
geología (f)	geologi	[geologi]
historia (f)	sejarah	[sedʒarah]

medicina (f)	kedokteran	[kedokteran]
pedagogía (f)	pedagogi	[pedagogi]
derecho (m)	hukum	[hukum]

física (f)	fisika	[fisika]
química (f)	kimia	[kimia]
filosofía (f)	filsafat	[filsafat]
psicología (f)	psikologi	[psikologi]

120. Los sistemas de escritura. La ortografía

gramática (f)	tatabahasa	[tatabahasa]
vocabulario (m)	kosakata	[kosakata]
fonética (f)	fonetik	[fonetiʔ]

sustantivo (m)	nomina	[nomina]
adjetivo (m)	adjektiva	[adʒektiva]
verbo (m)	verba	[verba]
adverbio (m)	adverbia	[adverbia]

pronombre (m)	kata ganti	[kata ganti]
interjección (f)	kata seru	[kata seru]
preposición (f)	preposisi, kata depan	[preposisi], [kata depan]

raíz (f), radical (m)	kata dasar	[kata dasar]
desinencia (f)	akhiran	[ahiran]
prefijo (m)	prefiks, awalan	[prefiks], [awalan]
sílaba (f)	suku kata	[suku kata]
sufijo (m)	sufiks, akhiran	[sufiks], [ahiran]

| acento (m) | tanda tekanan | [tanda tekanan] |
| apóstrofo (m) | apostrofi | [apostrofi] |

punto (m)	titik	[titiʔ]
coma (m)	koma	[koma]
punto y coma	titik koma	[titiʔ koma]
dos puntos (m pl)	titik dua	[titiʔ dua]
puntos (m pl) suspensivos	elipsis, lesapan	[elipsis], [lesapan]

| signo (m) de interrogación | tanda tanya | [tanda tanja] |
| signo (m) de admiración | tanda seru | [tanda seru] |

comillas (f pl)	tanda petik	[tanda petiʔ]
entre comillas	dalam tanda petik	[dalam tanda petiʔ]
paréntesis (m)	tanda kurung	[tanda kuruŋ]
entre paréntesis	dalam tanda kurung	[dalam tanda kuruŋ]

guión (m)	tanda pisah	[tanda pisah]
raya (f)	tanda hubung	[tanda hubuŋ]
blanco (m)	spasi	[spasi]

| letra (f) | huruf | [huruf] |
| letra (f) mayúscula | huruf kapital | [huruf kapital] |

| vocal (f) | vokal | [vokal] |
| consonante (m) | konsonan | [konsonan] |

oración (f)	kalimat	[kalimat]
sujeto (m)	subjek	[subdʒʲeʔ]
predicado (m)	predikat	[predikat]

línea (f)	baris	[baris]
en una nueva línea	di baris baru	[di baris baru]
párrafo (m)	alinea, paragraf	[alinea], [paragraf]

palabra (f)	kata	[kata]
combinación (f) de palabras	rangkaian kata	[raŋkajan kata]
expresión (f)	ungkapan	[uŋkapan]
sinónimo (m)	sinonim	[sinonim]
antónimo (m)	antonim	[antonim]

regla (f)	peraturan	[pəraturan]
excepción (f)	perkecualian	[pərketʃualian]
correcto (adj)	benar, betul	[benar], [betul]

conjugación (f)	konjugasi	[kondʒʲugasi]
declinación (f)	deklinasi	[deklinasi]
caso (m)	kasus nominal	[kasus nominal]
pregunta (f)	pertanyaan	[pərtanjaʔan]
subrayar (vt)	menggaris bawahi	[məŋgaris bawahi]
línea (f) de puntos	garis bertitik	[garis bərtitiʔ]

121. Los idiomas extranjeros

lengua (f)	bahasa	[bahasa]
extranjero (adj)	asing	[asiŋ]
lengua (f) extranjera	bahasa asing	[bahasa asiŋ]
estudiar (vt)	mempelajari	[mempeladʒʲari]
aprender (ingles, etc.)	belajar	[beladʒʲar]

leer (vi, vt)	membaca	[membatʃa]
hablar (vi, vt)	berbicara	[bərbitʃara]
comprender (vt)	mengerti	[məŋerti]
escribir (vt)	menulis	[mənulis]
rápidamente (adv)	cepat, fasih	[tʃepat], [fasih]
lentamente (adv)	perlahan-lahan	[pərlahan-lahan]

con fluidez (adv)	fasih	[fasih]
reglas (f pl)	peraturan	[pəraturan]
gramática (f)	tatabahasa	[tatabahasa]
vocabulario (m)	kosakata	[kosakata]
fonética (f)	fonetik	[foneti']

manual (m)	buku pelajaran	[buku peladʒʲaran]
diccionario (m)	kamus	[kamus]
manual (m) autodidáctico	buku autodidak	[buku autodida']
guía (f) de conversación	panduan percakapan	[panduan pərtʃakapan]

casete (m)	kaset	[kaset]
videocasete (f)	kaset video	[kaset video]
disco compacto, CD (m)	cakram kompak	[tʃakram kompa']
DVD (m)	cakram DVD	[tʃakram di-vi-di]

alfabeto (m)	alfabet, abjad	[alfabet], [abdʒʲad]
deletrear (vt)	mengeja	[məŋedʒʲa]
pronunciación (f)	pelafalan	[pelafalan]

acento (m)	aksen	[aksen]
con acento	dengan aksen	[deŋan aksen]
sin acento	tanpa aksen	[tanpa aksen]

| palabra (f) | kata | [kata] |
| significado (m) | arti | [arti] |

cursos (m pl)	kursus	[kursus]
inscribirse (vr)	Mendaftar	[məndaftar]
profesor (m) (~ de inglés)	guru	[guru]

traducción (f) (proceso)	penerjemahan	[penerdʒʲemahan]
traducción (f) (texto)	terjemahan	[tərdʒʲemahan]
traductor (m)	penerjemah	[penerdʒʲemah]
intérprete (m)	juru bahasa	[dʒʲuru bahasa]

| polígota (m) | poliglot | [poliglot] |
| memoria (f) | memori, daya ingat | [memori], [daja iŋat] |

122. Los personajes de los cuentos de hadas

Papá Noel (m)	Sinterklas	[sinterklas]
Cenicienta (f)	Cinderella	[tʃinderella]
sirena (f)	putri duyung	[putri duyuŋ]
Neptuno (m)	Neptunus	[neptunus]

mago (m)	penyihir	[penjihir]
maga (f)	peri	[peri]
mágico (adj)	sihir	[sihir]
varita (f) mágica	tongkat sihir	[toŋkat sihir]

cuento (m) de hadas	dongeng	[doŋeŋ]
milagro (m)	keajaiban	[keadʒʲajban]
enano (m)	kerdil, katai	[kerdil], [kataj]

transformarse en ...	menjelma menjadi ...	[məndʒˈelma məndʒˈadi ...]
espíritu (m) (fantasma)	hantu	[hantu]
fantasma (m)	fantom	[fantom]
monstruo (m)	monster	[monster]
dragón (m)	naga	[naga]
gigante (m)	raksasa	[raksasa]

123. Los signos de zodiaco

Aries (m)	Aries	[aries]
Tauro (m)	Taurus	[taurus]
Géminis (m pl)	Gemini	[dʒˈemini]
Cáncer (m)	Cancer	[kanser]
Leo (m)	Leo	[leo]
Virgo (m)	Virgo	[virgo]

Libra (f)	Libra	[libra]
Escorpio (m)	Scorpio	[skorpio]
Sagitario (m)	Sagitarius	[sagitarius]
Capricornio (m)	Capricorn	[keprikon]
Acuario (m)	Aquarius	[akuarius]
Piscis (m pl)	Pisces	[pistʃes]

carácter (m)	karakter	[karakter]
rasgos (m pl) de carácter	ciri karakter	[tʃiri karakter]
conducta (f)	tingkah laku	[tiŋkah laku]
decir la buenaventura	meramal	[meramal]
adivinadora (f)	peramal	[pəramal]
horóscopo (m)	horoskop	[horoskop]

El arte

teatro (m)	teater	[teater]
ópera (f)	opera	[opera]
opereta (f)	opereta	[opereta]
ballet (m)	balet	[balet]
cartelera (f)	poster	[poster]
compañía (f) de teatro	rombongan teater	[romboŋan teater]
gira (f) artística	tur, pertunjukan keliling	[tur], [pərtundʒiukan keliliŋ]
hacer una gira artística	mengadakan tur	[məŋadakan tur]
ensayar (vi, vt)	berlatih	[bərlatih]
ensayo (m)	geladi	[geladi]
repertorio (m)	repertoar	[repertoar]
representación (f)	pertunjukan	[pərtundʒiukan]
espectáculo (m)	pergelaran	[pərgelaran]
pieza (f) de teatro	lakon	[lakon]
billet (m)	tiket	[tiket]
taquilla (f)	loket tiket	[loket tiket]
vestíbulo (m)	lobi, ruang depan	[lobi], [ruaŋ depan]
guardarropa (f)	tempat penitipan jas	[tempat penitipan dʒias]
ficha (f) de guardarropa	nomor penitipan jas	[nomor penitipan dʒias]
gemelos (m pl)	binokular	[binokular]
acomodador (m)	petugas penyobek tiket	[petugas penjobe' tiket]
patio (m) de butacas	kursi orkestra	[kursi orkestra]
balconcillo (m)	balkon	[balkon]
entresuelo (m)	tingkat pertama	[tiŋkat pərtama]
palco (m)	boks	[boks]
fila (f)	barisan	[barisan]
asiento (m)	tempat duduk	[tempat dudu']
público (m)	khalayak	[halaja']
espectador (m)	penonton	[penonton]
aplaudir (vi, vt)	bertepuk tangan	[bərtepu' taŋan]
aplausos (m pl)	aplaus, tepuk tangan	[aplaus], [tepu' taŋan]
ovación (f)	ovasi, tepuk tangan	[ovasi], [tepu' taŋan]
escenario (m)	panggung	[paŋguŋ]
telón (m)	tirai	[tiraj]
decoración (f)	tata panggung	[tata paŋguŋ]
bastidores (m pl)	belakang panggung	[belakaŋ paŋguŋ]
escena (f)	adegan	[adegan]
acto (m)	babak	[baba']
entreacto (m)	waktu istirahat	[waktu istirahat]

125. El cine

| actor (m) | aktor | [aktor] |
| actriz (f) | aktris | [aktris] |

cine (m) (industria)	sinematografi, perfilman	[sinematografi], [pərfilman]
película (f)	film	[film]
episodio (m)	episode, seri	[episode], [seri]

película (f) policíaca	detektif	[detektif]
película (f) de acción	film laga	[film laga]
película (f) de aventura	film petualangan	[film petualaŋan]
película (f) de ciencia ficción	film fiksi ilmiah	[film fiksi ilmiah]
película (f) de horror	film horor	[film horor]

película (f) cómica	film komedi	[film komedi]
melodrama (m)	melodrama	[melodrama]
drama (m)	drama	[drama]

película (f) de ficción	film fiksi	[film fiksi]
documental (m)	film dokumenter	[film dokumenter]
dibujos (m pl) animados	kartun	[kartun]
cine (m) mudo	film bisu	[film bisu]

papel (m)	peran	[peran]
papel (m) principal	peran utama	[peran utama]
interpretar (vt)	berperan	[bərperan]

estrella (f) de cine	bintang film	[bintaŋ film]
conocido (adj)	terkenal	[tərkenal]
famoso (adj)	terkenal	[tərkenal]
popular (adj)	populer, terkenal	[populer], [tərkenal]

guión (m) de cine	skenario	[skenario]
guionista (m)	penulis skenario	[penulis skenario]
director (m) de cine	sutradara	[sutradara]
productor (m)	produser	[produser]
asistente (m)	asisten	[asisten]
operador (m) de cámara	kamerawan	[kamerawan]
doble (m) de riesgo	pemeran pengganti	[pemeran peŋganti]
doble (m)	pengganti	[peŋganti]

filmar una película	merekam film	[merekam film]
audición (f)	audisi	[audisi]
rodaje (m)	syuting, pengambilan gambar	[ʃyutiŋ], [peɲambilan gambar]

equipo (m) de rodaje	rombongan film	[romboŋan film]
plató (m) de rodaje	set film	[set film]
cámara (f)	kamera	[kamera]

cine (m) (iremos al ~)	bioskop	[bioskop]
pantalla (f)	layar	[lajar]
mostrar la película	menayangkan film	[mənajaŋkan film]
pista (f) sonora	soundtrack, trek suara	[saundtrek], [tre’ suara]
efectos (m pl) especiales	efek khusus	[efe’ husus]

subtítulos (m pl)	subjudul, teks film	[subdʒɪudul], [teks film]
créditos (m pl)	ucapan terima kasih	[utʃapan tərima kasih]
traducción (f)	terjemahan	[tərdʒɪemahan]

126. La pintura

arte (m)	seni	[seni]
bellas artes (f pl)	seni rupa	[seni rupa]
galería (f) de arte	galeri seni	[galeri seni]
exposición (f) de arte	pameran seni	[pameran seni]
pintura (f) (tipo de arte)	seni lukis	[seni lukis]
gráfica (f)	seni grafis	[seni grafis]
abstraccionismo (m)	seni abstrak	[seni abstra']
impresionismo (m)	impresionisme	[impresionisme]
pintura (f) (cuadro)	lukisan	[lukisan]
dibujo (m)	gambar	[gambar]
pancarta (f)	poster	[poster]
ilustración (f)	ilustrasi	[ilustrasi]
miniatura (f)	miniatur	[miniatur]
copia (f)	salinan	[salinan]
reproducción (f)	reproduksi	[reproduksi]
mosaico (m)	mozaik	[mozaj']
vitral (m)	kaca berwarna	[katʃa bərwarna]
fresco (m)	fresko	[fresko]
grabado (m)	gravir	[gravir]
busto (m)	patung sedada	[patuŋ sedada]
escultura (f)	seni patung	[seni patuŋ]
estatua (f)	patung	[patuŋ]
yeso (m)	gips	[gips]
en yeso (adj)	dari gips	[dari gips]
retrato (m)	potret	[potret]
autorretrato (m)	potret diri	[potret diri]
paisaje (m)	lukisan lanskap	[lukisan lanskap]
naturaleza (f) muerta	alam benda	[alam benda]
caricatura (f)	karikatur	[karikatur]
boceto (m)	sketsa	[sketsa]
pintura (f) (material)	cat	[tʃat]
acuarela (f)	cat air	[tʃat air]
óleo (m)	cat minyak	[tʃat minja']
lápiz (m)	pensil	[pensil]
tinta (f) china	tinta gambar	[tinta gambar]
carboncillo (m)	arang	[araŋ]
dibujar (vi, vt)	menggambar	[məŋgambar]
pintar (vi, vt)	melukis	[melukis]
posar (vi)	berpose	[bərpose]
modelo (m)	model lelaki	[model lelaki]

modelo (f)	model perempuan	[model perempuan]
pintor (m)	perupa	[perupa]
obra (f) de arte	karya seni	[karja seni]
obra (f) maestra	adikarya, mahakarya	[adikarja], [mahakarja]
estudio (m) (de un artista)	studio seni	[studio seni]
lienzo (m)	kanvas	[kanvas]
caballete (m)	esel, kuda-kuda	[esel], [kuda-kuda]
paleta (f)	palet	[palet]
marco (m)	bingkai	[biŋkaj]
restauración (f)	pemugaran	[pemugaran]
restaurar (vt)	memugar	[memugar]

127. La literatura y la poesía

literatura (f)	sastra, kesusastraan	[sastra], [kesusastra'an]
autor (m) (escritor)	pengarang	[peŋaraŋ]
seudónimo (m)	pseudonim, nama samaran	[pseudonim], [nama samaran]
libro (m)	buku	[buku]
tomo (m)	jilid	[dʒilid]
tabla (f) de contenidos	daftar isi	[daftar isi]
página (f)	halaman	[halaman]
héroe (m) principal	karakter utama	[karakter utama]
autógrafo (m)	tanda tangan	[tanda taŋan]
relato (m) corto	cerpen	[tʃerpen]
cuento (m)	novel, cerita	[novel], [tʃerita]
novela (f)	novel	[novel]
obra (f) literaria	karya	[karja]
fábula (f)	fabel	[fabel]
novela (f) policíaca	novel detektif	[novel detektif]
verso (m)	puisi, sajak	[puisi], [sadʒʲaʔ]
poesía (f)	puisi	[puisi]
poema (m)	puisi	[puisi]
poeta (m)	penyair	[penjajr]
bellas letras (f pl)	fiksi	[fiksi]
ciencia ficción (f)	fiksi ilmiah	[fiksi ilmiah]
aventuras (f pl)	petualangan	[petualaŋan]
literatura (f) didáctica	literatur pendidikan	[literatur pendidikan]
literatura (f) infantil	sastra kanak-kanak	[sastra kanaʔ-kanaʔ]

128. El circo

circo (m)	sirkus	[sirkus]
circo (m) ambulante	sirkus keliling	[sirkus keliliŋ]
programa (m)	program	[program]
representación (f)	pertunjukan	[pertundʒʲukan]

número (m)	aksi	[aksi]
arena (f)	arena	[arena]

pantomima (f)	pantomim	[pantomim]
payaso (m)	badut	[badut]

acróbata (m)	pemain akrobat	[pemajn akrobat]
acrobacia (f)	akrobatik	[akrobati']
gimnasta (m)	pesenam	[pesenam]
gimnasia (f) acrobática	senam	[senam]
salto (m)	salto	[salto]

forzudo (m)	orang kuat	[oraŋ kuat]
domador (m)	penjinak hewan	[penʤina' hewan]
caballista (m)	penunggang kuda	[penuŋgaŋ kuda]
asistente (m)	asisten	[asisten]

truco (m)	stunt	[stun]
truco (m) de magia	trik sulap	[tri' sulap]
ilusionista (m)	pesulap	[pesulap]

malabarista (m)	juggler	[dʒʲuggler]
malabarear (vt)	bermain juggling	[bərmajn dʒʲuggliŋ]
amaestrador (m)	pelatih binatang	[pelatih binataŋ]
amaestramiento (m)	pelatihan binatang	[pelatihan binataŋ]
amaestrar (vt)	melatih	[melatih]

129. La música. La música popular

música (f)	musik	[musi']
músico (m)	musisi, musikus	[musisi], [musikus]
instrumento (m) musical	alat musik	[alat musi']
tocar ...	bermain ...	[bərmajn ...]

guitarra (f)	gitar	[gitar]
violín (m)	biola	[biola]
violonchelo (m)	selo	[selo]
contrabajo (m)	kontrabas	[kontrabas]
arpa (f)	harpa	[harpa]

piano (m)	piano	[piano]
piano (m) de cola	grand piano	[grand piano]
órgano (m)	organ	[organ]

instrumentos (m pl) de viento	alat musik tiup	[alat musi' tiup]
oboe (m)	obo	[obo]
saxofón (m)	saksofon	[saksofon]
clarinete (m)	klarinet	[klarinet]
flauta (f)	suling	[suliŋ]
trompeta (f)	trompet	[trompet]

acordeón (m)	akordeon	[akordeon]
tambor (m)	drum	[drum]
dúo (m)	duo, duet	[duo], [duet]

trío (m)	**trio**	[trio]
cuarteto (m)	**kuartet**	[kuartet]
coro (m)	**kor**	[kor]
orquesta (f)	**orkestra**	[orkestra]
música (f) pop	**musik pop**	[musiʔ pop]
música (f) rock	**musik rok**	[musiʔ roʔ]
grupo (m) de rock	**grup musik rok**	[grup musiʔ roʔ]
jazz (m)	**jaz**	[dʒʲaz]
ídolo (m)	**idola**	[idola]
admirador (m)	**pengagum**	[peŋagum]
concierto (m)	**konser**	[konser]
sinfonía (f)	**simfoni**	[simfoni]
composición (f)	**komposisi**	[komposisi]
escribir (vt)	**menggubah, mencipta**	[məŋgubah], [mən͡ʧipta]
canto (m)	**nyanyian**	[njanjian]
canción (f)	**lagu**	[lagu]
melodía (f)	**nada, melodi**	[nada], [melodi]
ritmo (m)	**irama**	[irama]
blues (m)	**musik blues**	[musiʔ blus]
notas (f pl)	**notasi musik**	[notasi musiʔ]
batuta (f)	**tongkat dirigen**	[toŋkat dirigen]
arco (m)	**penggesek**	[peŋgeseʔ]
cuerda (f)	**tali, senar**	[tali], [senar]
estuche (m)	**wadah**	[wadah]

El descanso. El entretenimiento. El viaje

130. Las vacaciones. El viaje

turismo (m)	pariwisata	[pariwisata]
turista (m)	turis, wisatawan	[turis], [wisatawan]
viaje (m)	pengembaraan	[peɲembara'an]
aventura (f)	petualangan	[petualaŋan]
viaje (m) (p.ej. ~ en coche)	perjalanan, lawatan	[pərdʒˈalanan], [lawatan]
vacaciones (f pl)	liburan	[liburan]
estar de vacaciones	berlibur	[bərlibur]
descanso (m)	istirahat	[istirahat]
tren (m)	kereta api	[kereta api]
en tren	naik kereta api	[nai' kereta api]
avión (m)	pesawat terbang	[pesawat tərbaŋ]
en avión	naik pesawat terbang	[nai' pesawat tərbaŋ]
en coche	naik mobil	[nai' mobil]
en barco	naik kapal	[nai' kapal]
equipaje (m)	bagasi	[bagasi]
maleta (f)	koper	[koper]
carrito (m) de equipaje	troli bagasi	[troli bagasi]
pasaporte (m)	paspor	[paspor]
visado (m)	visa	[visa]
billete (m)	tiket	[tiket]
billete (m) de avión	tiket pesawat terbang	[tiket pesawat tərbaŋ]
guía (f) (libro)	buku pedoman	[buku pedoman]
mapa (m)	peta	[peta]
área (f) (~ rural)	kawasan	[kawasan]
lugar (m)	tempat	[tempat]
exotismo (m)	keeksotisan	[keeksotisan]
exótico (adj)	eksotis	[eksotis]
asombroso (adj)	menakjubkan	[mənakdʒˈubkan]
grupo (m)	kelompok	[kelompo']
excursión (f)	ekskursi	[ekskursi]
guía (m) (persona)	pemandu wisata	[pemandu wisata]

131. El hotel

hotel (m), motel (m)	hotel	[hotel]
motel (m)	motel	[motel]
de tres estrellas	bintang tiga	[bintaŋ tiga]

de cinco estrellas	**bintang lima**	[bintaŋ lima]
hospedarse (vr)	**menginap**	[məŋinap]
habitación (f)	**kamar**	[kamar]
habitación (f) individual	**kamar tunggal**	[kamar tuŋgal]
habitación (f) doble	**kamar ganda**	[kamar ganda]
reservar una habitación	**memesan kamar**	[memesan kamar]
media pensión (f)	**sewa setengah**	[sewa seteŋah]
pensión (f) completa	**sewa penuh**	[sewa penuh]
con baño	**dengan kamar mandi**	[deŋan kamar mandi]
con ducha	**dengan pancuran**	[deŋan pantʃuran]
televisión (f) satélite	**televisi satelit**	[televisi satelit]
climatizador (m)	**penyejuk udara**	[penjedʒiuʼ udara]
toalla (f)	**handuk**	[handuʼ]
llave (f)	**kunci**	[kuntʃi]
administrador (m)	**administrator**	[administrator]
camarera (f)	**pelayan kamar**	[pelajan kamar]
maletero (m)	**porter**	[porter]
portero (m)	**pramupintu**	[pramupintu]
restaurante (m)	**restoran**	[restoran]
bar (m)	**bar**	[bar]
desayuno (m)	**makan pagi, sarapan**	[makan pagi], [sarapan]
cena (f)	**makan malam**	[makan malam]
buffet (m) libre	**prasmanan**	[prasmanan]
vestíbulo (m)	**lobi**	[lobi]
ascensor (m)	**elevator**	[elevator]
NO MOLESTAR	**JANGAN MENGGANGGU**	[dʒiaŋan məŋgaŋgu]
PROHIBIDO FUMAR	**DILARANG MEROKOK!**	[dilaraŋ merokoʼ!]

132. Los libros. La lectura

libro (m)	**buku**	[buku]
autor (m)	**pengarang**	[peŋaraŋ]
escritor (m)	**penulis**	[penulis]
escribir (~ un libro)	**menulis**	[mənulis]
lector (m)	**pembaca**	[pembatʃa]
leer (vi, vt)	**membaca**	[membatʃa]
lectura (f)	**membaca**	[membatʃa]
en silencio	**dalam hati**	[dalam hati]
en voz alta	**dengan keras**	[deŋan keras]
editar (vt)	**menerbitkan**	[mənerbitkan]
edición (f) (~ de libros)	**penerbitan**	[penerbitan]
editor (m)	**penerbit**	[penerbit]
editorial (f)	**penerbit**	[penerbit]
salir (libro)	**terbit**	[terbit]

salida (f) (de un libro)	penerbitan	[penerbitan]
tirada (f)	oplah	[oplah]
librería (f)	toko buku	[toko buku]
biblioteca (f)	perpustakaan	[pərpustaka'an]
cuento (m)	novel, cerita	[novel], [tʃerita]
relato (m) corto	cerpen	[tʃerpen]
novela (f)	novel	[novel]
novela (f) policíaca	novel detektif	[novel detektif]
memorias (f pl)	memoir	[memoir]
leyenda (f)	legenda	[legenda]
mito (m)	mitos	[mitos]
versos (m pl)	puisi	[puisi]
autobiografía (f)	autobiografi	[autobiografi]
obras (f pl) escogidas	karya pilihan	[karja pilihan]
ciencia ficción (f)	fiksi ilmiah	[fiksi ilmiah]
título (m)	judul	[dʒʲudul]
introducción (f)	pendahuluan	[pendahuluan]
portada (f)	halaman judul	[halaman dʒʲudul]
capítulo (m)	bab	[bab]
extracto (m)	kutipan	[kutipan]
episodio (m)	episode	[episode]
sujeto (m)	alur cerita	[alur tʃerita]
contenido (m)	daftar isi	[daftar isi]
tabla (f) de contenidos	daftar isi	[daftar isi]
héroe (m) principal	karakter utama	[karakter utama]
tomo (m)	jilid	[dʒilid]
cubierta (f)	sampul	[sampul]
encuadernado (m)	penjilidan	[pendʒilidan]
marcador (m) de libro	pembatas buku	[pembatas buku]
página (f)	halaman	[halaman]
hojear (vt)	membolak-balik	[membola'-bali']
márgenes (m pl)	margin	[margin]
anotación (f)	anotasi, catatan	[anotasi], [tʃatatan]
nota (f) a pie de página	catatan kaki	[tʃatatan kaki]
texto (m)	teks	[teks]
fuente (f)	huruf	[huruf]
errata (f)	salah cetak	[salah tʃeta']
traducción (f)	terjemahan	[tərdʒʲemahan]
traducir (vt)	menerjemahkan	[mənerdʒʲemahkan]
original (m)	orisinal	[orisinal]
famoso (adj)	terkenal	[tərkenal]
desconocido (adj)	tidak dikenali	[tida' dikenali]
interesante (adj)	menarik	[mənari']
best-seller (m)	buku laris	[buku laris]

diccionario (m)	kamus	[kamus]
manual (m)	buku pelajaran	[buku peladʒʲaran]
enciclopedia (f)	ensiklopedi	[ensiklopedi]

133. La caza. La pesca

caza (f)	perburuan	[pərburuan]
cazar (vi, vt)	berburu	[bərburu]
cazador (m)	pemburu	[pemburu]

tirar (vi)	menembak	[mənembaʔ]
fusil (m)	senapan	[senapan]
cartucho (m)	peluru, patrun	[peluru], [patrun]
perdigón (m)	peluru gotri	[peluru gotri]

cepo (m)	perangkap	[pəraŋkap]
trampa (f)	perangkap	[pəraŋkap]
caer en el cepo	terperangkap	[tərperaŋkap]
poner un cepo	memasang perangkap	[memasaŋ pəraŋkap]

cazador (m) furtivo	pemburu ilegal	[pemburu ilegal]
caza (f) menor	binatang buruan	[binataŋ buruan]
perro (m) de caza	anjing pemburu	[andʒiŋ pemburu]
safari (m)	safari	[safari]
animal (m) disecado	patung binatang	[patuŋ binataŋ]

pescador (m)	nelayan, pemancing	[nelajan], [pemantʃiŋ]
pesca (f)	memancing	[memantʃiŋ]
pescar (vi)	memancing	[memantʃiŋ]

caña (f) de pescar	joran	[dʒoran]
sedal (m)	tali pancing	[tali pantʃiŋ]
anzuelo (m)	kail	[kail]

| flotador (m) | pelampung | [pelampuŋ] |
| cebo (m) | umpan | [umpan] |

| lanzar el anzuelo | melempar pancing | [melempar pantʃiŋ] |
| picar (vt) | memakan umpan | [memakan umpan] |

| pesca (f) (lo pescado) | tangkapan | [taŋkapan] |
| agujero (m) en el hielo | lubang es | [lubaŋ es] |

red (f)	jala	[dʒʲala]
barca (f)	perahu	[pərahu]
pescar con la red	menjala	[məndʒʲala]
tirar la red	menabur jala	[mənabur dʒʲala]

| sacar la red | menarik jala | [mənariʔ dʒʲala] |
| caer en la red | tertangkap dalam jala | [tərtaŋkap dalam dʒʲala] |

ballenero (m) (persona)	pemburu paus	[pemburu paus]
ballenero (m) (barco)	kapal pemburu paus	[kapal pemburu paus]
arpón (m)	tempuling	[tempuliŋ]

134. Los juegos. El billar

billar (m)	biliar	[biliar]
sala (f) de billar	kamar biliar	[kamar biliar]
bola (f) de billar	bola	[bola]
entronerar la bola	memasukkan bola	[memasuˀkan bola]
taco (m)	stik	[stiˀ]
tronera (f)	lubang meja biliar	[lubaŋ medʒˈa biliar]

135. Los juegos. Las cartas

carta (f)	kartu permainan	[kartu pərmajnan]
cartas (f pl)	kartu	[kartu]
baraja (f)	pak kartu	[paˀ kartu]
triunfo (m)	truf	[truf]
cuadrados (m pl)	wajik	[wadʒiˀ]
picas (f pl)	sekop	[sekop]
corazones (m pl)	hati	[hati]
tréboles (m pl)	keriting	[keritiŋ]
as (m)	as	[as]
rey (m)	raja	[radʒˈa]
dama (f)	ratu	[ratu]
sota (f)	jack	[dʒˈeˀ]
dar, distribuir (repartidor)	membagikan	[membagikan]
barajar (vt) (mezclar las cartas)	mengocok	[məŋotʃoˀ]
jugada (f) (turno)	giliran	[giliran]
punto (m)	poin	[poin]
fullero (m)	pemain kartu curang	[pemajn kartu tʃuraŋ]

136. El descanso. Los juegos. Miscelánea

pasear (vi)	berjalan-jalan	[bərdʒˈalan-dʒˈalan]
paseo (m) (caminata)	jalan-jalan	[dʒˈalan-dʒˈalan]
paseo (m) (en coche)	perjalanan	[pərdʒˈalanan]
aventura (f)	petualangan	[petualaŋan]
picnic (m)	piknik	[pikniˀ]
juego (m)	permainan	[pərmajnan]
jugador (m)	pemain	[pemajn]
partido (m)	partai	[partaj]
coleccionista (m)	kolektor	[kolektor]
coleccionar (vt)	mengoleksi	[məŋoleksi]
colección (f)	koleksi	[koleksi]
crucigrama (m)	teka-teki silang	[teka-teki silaŋ]
hipódromo (m)	lapangan pacu	[lapaŋan patʃu]

discoteca (f)	**diskotik**	[diskotiˀ]
sauna (f)	**sauna**	[sauna]
lotería (f)	**lotre**	[lotre]
marcha (f)	**darmawisata**	[darmawisata]
campo (m)	**perkemahan**	[pərkemahan]
campista (m)	**pewisata alam**	[pewisata alam]
tienda (f) de campaña	**tenda, kemah**	[tenda], [kemah]
brújula (f)	**kompas**	[kompas]
ver (la televisión)	**menonton**	[mənonton]
telespectador (m)	**penonton**	[penonton]
programa (m) de televisión	**acara TV**	[atʃara ti-vi]

137. La fotografía

cámara (f) fotográfica	**kamera**	[kamera]
fotografía (f) (una foto)	**foto**	[foto]
fotógrafo (m)	**fotografer**	[fotografer]
estudio (m) fotográfico	**studio foto**	[studio foto]
álbum (m) de fotos	**album foto**	[album foto]
objetivo (m)	**lensa kamera**	[lensa kamera]
teleobjetivo (m)	**lensa telefoto**	[lensa telefoto]
filtro (m)	**filter**	[filter]
lente (m)	**lensa**	[lensa]
óptica (f)	**alat optik**	[alat optiˀ]
diafragma (m)	**diafragma**	[diafragma]
tiempo (m) de exposición	**kecepatan rana**	[ketʃepatan rana]
visor (m)	**jendela pengamat**	[dʒˈendela peŋamat]
cámara (f) digital	**kamera digital**	[kamera digital]
trípode (m)	**kakitiga**	[kakitiga]
flash (m)	**blitz**	[blits]
fotografiar (vt)	**memotret**	[memotret]
hacer fotos	**memotret**	[memotret]
fotografiarse (vr)	**berfoto**	[bərfoto]
foco (m)	**fokus**	[fokus]
enfocar (vt)	**mengatur fokus**	[məŋatur fokus]
nítido (adj)	**tajam**	[tadʒˈam]
nitidez (f)	**ketajaman**	[ketadʒˈaman]
contraste (m)	**kekontrasan**	[kekontrasan]
de alto contraste (adj)	**kontras**	[kontras]
foto (f)	**gambar foto**	[gambar foto]
negativo (m)	**negatif**	[negatif]
película (f) fotográfica	**film**	[film]
fotograma (m)	**frame, gambar diam**	[frame], [gambar diam]
imprimir (vt)	**mencetak**	[məntʃetaˀ]

138. La playa. La natación

playa (f)	pantai	[pantaj]
arena (f)	pasir	[pasir]
desierto (playa ~a)	sepi	[sepi]

bronceado (m)	hitam terbakar matahari	[hitam tərbakar matahari]
broncearse (vr)	berjemur di sinar matahari	[bərdʒi̯emur di sinar matahari]
bronceado (adj)	hitam terbakar matahari	[hitam tərbakar matahari]
protector (m) solar	tabir surya	[tabir surja]

bikini (m)	bikini	[bikini]
traje (m) de baño	baju renang	[badʒi̯u renaŋ]
bañador (m)	celana renang	[tʃelana renaŋ]

piscina (f)	kolam renang	[kolam renaŋ]
nadar (vi)	berenang	[bərenaŋ]
ducha (f)	pancuran	[pantʃuran]
cambiarse (vr)	berganti pakaian	[bərganti pakajan]
toalla (f)	handuk	[handuʔ]

barca (f)	perahu	[pərahu]
lancha (f) motora	perahu motor	[pərahu motor]
esquís (m pl) acuáticos	ski air	[ski air]
bicicleta (f) acuática	sepeda air	[sepeda air]
surf (m)	berselancar	[bərselantʃar]
surfista (m)	peselancar	[peselantʃar]

equipo (m) de buceo	alat scuba	[alat skuba]
aletas (f pl)	sirip karet	[sirip karet]
máscara (f) de buceo	masker	[masker]
buceador (m)	penyelam	[penjelam]
bucear (vi)	menyelam	[mənjelam]
bajo el agua (adv)	bawah air	[bawah air]

sombrilla (f)	payung	[pajuŋ]
tumbona (f)	kursi pantai	[kursi pantaj]
gafas (f pl) de sol	kacamata hitam	[katʃamata hitam]
colchoneta (f) inflable	kasur udara	[kasur udara]

| jugar (divertirse) | bermain | [bərmajn] |
| bañarse (vr) | berenang | [bərenaŋ] |

pelota (f) de playa	bola pantai	[bola pantaj]
inflar (vt)	meniup	[məniup]
inflable (colchoneta ~)	udara	[udara]

ola (f)	gelombang	[gelombaŋ]
boya (f)	pelampung	[pelampuŋ]
ahogarse (vr)	tenggelam	[teŋgelam]

salvar (vt)	menyelamatkan	[mənjelamatkan]
chaleco (m) salvavidas	jaket pelampung	[dʒi̯aket pelampuŋ]
observar (vt)	mengamati	[məŋamati]
socorrista (m)	penyelamat	[penjelamat]

EL EQUIPO TÉCNICO. EL TRANSPORTE

El equipo técnico

139. El computador

ordenador (m)	**komputer**	[komputer]
ordenador (m) portátil	**laptop**	[laptop]
encender (vt)	**menyalakan**	[mənjalakan]
apagar (vt)	**mematikan**	[mematikan]
teclado (m)	**keyboard, papan tombol**	[keybor], [papan tombol]
tecla (f)	**tombol**	[tombol]
ratón (m)	**tetikus**	[tetikus]
alfombrilla (f) para ratón	**bantal tetikus**	[bantal tetikus]
botón (m)	**tombol**	[tombol]
cursor (m)	**kursor**	[kursor]
monitor (m)	**monitor**	[monitor]
pantalla (f)	**layar**	[lajar]
disco (m) duro	**hard disk, cakram keras**	[hard disk], [tʃakram keras]
volumen (m) de disco duro	**kapasitas cakram keras**	[kapasitas tʃakram keras]
memoria (f)	**memori**	[memori]
memoria (f) operativa	**memori akses acak**	[memori akses atʃaʔ]
archivo, fichero (m)	**file, berkas**	[file], [bərkas]
carpeta (f)	**folder**	[folder]
abrir (vt)	**membuka**	[membuka]
cerrar (vt)	**menutup**	[mənutup]
guardar (un archivo)	**menyimpan**	[mənjimpan]
borrar (vt)	**menghapus**	[mənhapus]
copiar (vt)	**menyalin**	[mənjalin]
ordenar (vt) (~ de A a Z, etc.)	**menyortir**	[mənjortir]
transferir (vt)	**mentransfer**	[məntransfer]
programa (m)	**program**	[program]
software (m)	**perangkat lunak**	[pəraŋkat lunaʔ]
programador (m)	**pemrogram**	[pemrogram]
programar (vt)	**memprogram**	[memprogram]
hacker (m)	**peretas**	[pəretas]
contraseña (f)	**kata sandi**	[kata sandi]
virus (m)	**virus**	[virus]
detectar (vt)	**mendeteksi**	[məndeteksi]
octeto, byte (m)	**bita**	[bita]

megaocteto (m)	megabita	[megabita]
datos (m pl)	data	[data]
base (f) de datos	basis data, pangkalan data	[basis data], [paŋkalan data]
cable (m)	kabel	[kabel]
desconectar (vt)	melepaskan	[melepaskan]
conectar (vt)	menyambungkan	[mənjambuŋkan]

140. El internet. El correo electrónico

internet (m), red (f)	Internet	[internet]
navegador (m)	peramban	[peramban]
buscador (m)	mesin telusur	[mesin telusur]
proveedor (m)	provider	[provider]
webmaster (m)	webmaster, perancang web	[webmaster], [pərantʃaŋ web]
sitio (m) web	situs web	[situs web]
página (f) web	halaman web	[halaman web]
dirección (f)	alamat	[alamat]
libro (m) de direcciones	buku alamat	[buku alamat]
buzón (m)	kotak surat	[kota' surat]
correo (m)	surat	[surat]
lleno (adj)	penuh	[penuh]
mensaje (m)	pesan	[pesan]
correo (m) entrante	pesan masuk	[pesan masu']
correo (m) saliente	pesan keluar	[pesan keluar]
expedidor (m)	pengirim	[peɲirim]
enviar (vt)	mengirim	[məɲirim]
envío (m)	pengiriman	[peɲiriman]
destinatario (m)	penerima	[penerima]
recibir (vt)	menerima	[mənerima]
correspondencia (f)	surat-menyurat	[surat-menyurat]
escribirse con …	surat-menyurat	[surat-menyurat]
archivo, fichero (m)	file, berkas	[file], [bərkas]
descargar (vt)	mengunduh	[məŋunduh]
crear (vt)	membuat	[membuat]
borrar (vt)	menghapus	[məŋhapus]
borrado (adj)	terhapus	[tərhapus]
conexión (f) (ADSL, etc.)	koneksi	[koneksi]
velocidad (f)	kecepatan	[ketʃepatan]
módem (m)	modem	[modem]
acceso (m)	akses	[akses]
puerto (m)	porta	[porta]
conexión (f) (establecer la ~)	koneksi	[koneksi]
conectarse a …	terhubung ke …	[tərhubuŋ ke …]

| seleccionar (vt) | **memilih** | [memilih] |
| buscar (vt) | **mencari …** | [mənʧari …] |

El transporte

Español	Indonesio	Pronunciación
avión (m)	**pesawat terbang**	[pesawat tərbaŋ]
billete (m) de avión	**tiket pesawat terbang**	[tiket pesawat tərbaŋ]
compañía (f) aérea	**maskapai penerbangan**	[maskapaj penerbaŋan]
aeropuerto (m)	**bandara**	[bandara]
supersónico (adj)	**supersonik**	[supersoniʔ]
comandante (m)	**kapten**	[kapten]
tripulación (f)	**awak**	[awaʔ]
piloto (m)	**pilot**	[pilot]
azafata (f)	**pramugari**	[pramugari]
navegador (m)	**navigator, penavigasi**	[navigator], [penavigasi]
alas (f pl)	**sayap**	[sajap]
cola (f)	**ekor**	[ekor]
cabina (f)	**kokpit**	[kokpit]
motor (m)	**mesin**	[mesin]
tren (m) de aterrizaje	**roda pendarat**	[roda pendarat]
turbina (f)	**turbin**	[turbin]
hélice (f)	**baling-baling**	[baliŋ-baliŋ]
caja (f) negra	**kotak hitam**	[kotaʔ hitam]
timón (m)	**kemudi**	[kemudi]
combustible (m)	**bahan bakar**	[bahan bakar]
instructivo (m) de seguridad	**instruksi keselamatan**	[instruksi keselamatan]
respirador (m) de oxígeno	**masker oksigen**	[masker oksigen]
uniforme (m)	**seragam**	[seragam]
chaleco (m) salvavidas	**jaket pelampung**	[dʒʲaket pelampuŋ]
paracaídas (m)	**parasut**	[parasut]
despegue (m)	**lepas landas**	[lepas landas]
despegar (vi)	**bertolak**	[bərtolaʔ]
pista (f) de despegue	**jalur lepas landas**	[dʒʲalur lepas landas]
visibilidad (f)	**visibilitas, pandangan**	[visibilitas], [pandaŋan]
vuelo (m)	**penerbangan**	[penerbaŋan]
altura (f)	**ketinggian**	[ketiŋgian]
pozo (m) de aire	**lubang udara**	[lubaŋ udara]
asiento (m)	**tempat duduk**	[tempat duduʔ]
auriculares (m pl)	**headphone, fonkepala**	[headphone], [fonkepala]
mesita (f) plegable	**meja lipat**	[medʒʲa lipat]
ventana (f)	**jendela pesawat**	[dʒʲendela pesawat]
pasillo (m)	**lorong**	[loroŋ]

142. El tren

tren (m)	kereta api	[kereta api]
tren (m) de cercanías	kereta api listrik	[kereta api listriʔ]
tren (m) rápido	kereta api cepat	[kereta api ʧepat]
locomotora (f) diésel	lokomotif diesel	[lokomotif disel]
tren (m) de vapor	lokomotif uap	[lokomotif uap]
coche (m)	gerbong penumpang	[gerboŋ penumpaŋ]
coche (m) restaurante	gerbong makan	[gerboŋ makan]
rieles (m pl)	rel	[rel]
ferrocarril (m)	rel kereta api	[rel kereta api]
traviesa (f)	bantalan rel	[bantalan rel]
plataforma (f)	platform	[platform]
vía (f)	jalur	[dʒʲalur]
semáforo (m)	semafor	[semafor]
estación (f)	stasiun	[stasiun]
maquinista (m)	masinis	[masinis]
maletero (m)	porter	[porter]
mozo (m) del vagón	kondektur	[kondektur]
pasajero (m)	penumpang	[penumpaŋ]
revisor (m)	kondektur	[kondektur]
corredor (m)	koridor	[koridor]
freno (m) de urgencia	rem darurat	[rem darurat]
compartimiento (m)	kabin	[kabin]
litera (f)	bangku	[baŋku]
litera (f) de arriba	bangku atas	[baŋku atas]
litera (f) de abajo	bangku bawah	[baŋku bawah]
ropa (f) de cama	kain kasur	[kain kasur]
billete (m)	tiket	[tiket]
horario (m)	jadwal	[dʒʲadwal]
pantalla (f) de información	layar informasi	[lajar informasi]
partir (vi)	berangkat	[bəraŋkat]
partida (f) (del tren)	keberangkatan	[keberaŋkatan]
llegar (tren)	datang	[dataŋ]
llegada (f)	kedatangan	[kedataŋan]
llegar en tren	datang naik kereta api	[dataŋ najʔ kereta api]
tomar el tren	naik ke kereta	[naiʔ ke kereta]
bajar del tren	turun dari kereta	[turun dari kereta]
descarrilamiento (m)	kecelakaan kereta	[keʧelakaʔan kereta]
descarrilarse (vr)	keluar rel	[keluar rel]
tren (m) de vapor	lokomotif uap	[lokomotif uap]
fogonero (m)	juru api	[dʒʲuru api]
hogar (m)	tungku	[tuŋku]
carbón (m)	batu bara	[batu bara]

143. El barco

barco, buque (m)	kapal	[kapal]
navío (m)	kapal	[kapal]
buque (m) de vapor	kapal uap	[kapal uap]
motonave (f)	kapal api	[kapal api]
trasatlántico (m)	kapal laut	[kapal laut]
crucero (m)	kapal penjelajah	[kapal pendʒ'eladʒ'ah]
yate (m)	perahu pesiar	[pərahu pesiar]
remolcador (m)	kapal tunda	[kapal tunda]
barcaza (f)	tongkang	[toŋkaŋ]
ferry (m)	feri	[feri]
velero (m)	kapal layar	[kapal lajar]
bergantín (m)	kapal brigantin	[kapal brigantin]
rompehielos (m)	kapal pemecah es	[kapal pemetʃah es]
submarino (m)	kapal selam	[kapal selam]
bote (m) de remo	perahu	[pərahu]
bote (m)	sekoci	[sekotʃi]
bote (m) salvavidas	sekoci penyelamat	[sekotʃi penjelamat]
lancha (f) motora	perahu motor	[pərahu motor]
capitán (m)	kapten	[kapten]
marinero (m)	kelasi	[kelasi]
marino (m)	pelaut	[pelaut]
tripulación (f)	awak	[awaʔ]
contramaestre (m)	bosman, bosun	[bosman], [bosun]
grumete (m)	kadet laut	[kadet laut]
cocinero (m) de abordo	koki	[koki]
médico (m) del buque	dokter kapal	[dokter kapal]
cubierta (f)	dek	[deʔ]
mástil (m)	tiang	[tiaŋ]
vela (f)	layar	[lajar]
bodega (f)	lambung kapal	[lambuŋ kapal]
proa (f)	haluan	[haluan]
popa (f)	buritan	[buritan]
remo (m)	dayung	[dajuŋ]
hélice (f)	baling-baling	[baliŋ-baliŋ]
camarote (m)	kabin	[kabin]
sala (f) de oficiales	ruang rekreasi	[ruaŋ rekreasi]
sala (f) de máquinas	ruang mesin	[ruaŋ mesin]
puente (m) de mando	anjungan kapal	[andʒ'uŋan kapal]
sala (f) de radio	ruang radio	[ruaŋ radio]
onda (f)	gelombang radio	[gelombaŋ radio]
cuaderno (m) de bitácora	buku harian kapal	[buku harian kapal]
anteojo (m)	teropong	[təropoŋ]
campana (f)	lonceng	[lontʃeŋ]

bandera (f)	**bendera**	[bendera]
cabo (m) (maroma)	**tali**	[tali]
nudo (m)	**simpul**	[simpul]

pasamano (m)	**pegangan**	[pegaŋan]
pasarela (f)	**tangga kapal**	[taŋga kapal]

ancla (f)	**jangkar**	[dʒʲaŋkar]
levar ancla	**mengangkat jangkar**	[məŋaŋkat dʒʲaŋkar]
echar ancla	**menjatuhkan jangkar**	[məndʒʲatuhkan dʒʲaŋkar]
cadena (f) del ancla	**rantai jangkar**	[rantaj dʒʲaŋkar]

puerto (m)	**pelabuhan**	[pelabuhan]
embarcadero (m)	**dermaga**	[dermaga]
amarrar (vt)	**merapat**	[merapat]
desamarrar (vt)	**bertolak**	[bərtolaʔ]

viaje (m)	**pengembaraan**	[peɲembaraʔan]
crucero (m) (viaje)	**pesiar**	[pesiar]
derrota (f) (rumbo)	**haluan**	[haluan]
itinerario (m)	**rute**	[rute]

bajío (m)	**beting**	[betiŋ]
encallar (vi)	**kandas**	[kandas]

tempestad (f)	**badai**	[badaj]
señal (f)	**sinyal**	[sinjal]
hundirse (vr)	**tenggelam**	[teŋgelam]
¡Hombre al agua!	**Orang hanyut!**	[oraŋ hanyut!]
SOS	**SOS**	[es-o-es]
aro (m) salvavidas	**pelampung penyelamat**	[pelampuŋ penjelamat]

144. El aeropuerto

aeropuerto (m)	**bandara**	[bandara]
avión (m)	**pesawat terbang**	[pesawat tərbaŋ]
compañía (f) aérea	**maskapai penerbangan**	[maskapaj penerbaŋan]
controlador (m) aéreo	**pengawas lalu lintas udara**	[peɲawas lalu lintas udara]

despegue (m)	**keberangkatan**	[keberaŋkatan]
llegada (f)	**kedatangan**	[kedataŋan]
llegar (en avión)	**datang**	[dataŋ]

hora (f) de salida	**waktu keberangkatan**	[waktu keberaŋkatan]
hora (f) de llegada	**waktu kedatangan**	[waktu kedataŋan]

retrasarse (vr)	**terlambat**	[tərlambat]
retraso (m) de vuelo	**penundaan penerbangan**	[penundaʔan penerbaŋan]

pantalla (f) de información	**papan informasi**	[papan informasi]
información (f)	**informasi**	[informasi]
anunciar (vt)	**mengumumkan**	[məŋumumkan]
vuelo (m)	**penerbangan**	[penerbaŋan]
aduana (f)	**pabean**	[pabean]

aduanero (m)	petugas pabean	[petugas pabean]
declaración (f) de aduana	pernyataan pabean	[pərnjataʔan pabean]
rellenar (vt)	mengisi	[məŋisi]
rellenar la declaración	mengisi formulir bea cukai	[məŋisi formulir bea ʧukaj]
control (m) de pasaportes	pemeriksaan paspor	[pemeriksaʔan paspor]
equipaje (m)	bagasi	[bagasi]
equipaje (m) de mano	jinjingan	[dʒindʒiŋan]
carrito (m) de equipaje	troli bagasi	[troli bagasi]
aterrizaje (m)	pendaratan	[pendaratan]
pista (f) de aterrizaje	jalur pendaratan	[dʒʲalur pendaratan]
aterrizar (vi)	mendarat	[məndarat]
escaleras (f pl) (de avión)	tangga pesawat	[taŋga pesawat]
facturación (f) (check-in)	check-in	[ʧekin]
mostrador (m) de facturación	meja check-in	[medʒʲa ʧekin]
hacer el check-in	check-in	[ʧekin]
tarjeta (f) de embarque	kartu pas	[kartu pas]
puerta (f) de embarque	gerbang keberangkatan	[gerbaŋ keberaŋkatan]
tránsito (m)	transit	[transit]
esperar (aguardar)	menunggu	[mənuŋgu]
zona (f) de preembarque	ruang tunggu	[ruaŋ tuŋgu]
despedir (vt)	mengantar	[məŋantar]
despedirse (vr)	berpamitan	[bərpamitan]

145. La bicicleta. La motocicleta

bicicleta (f)	sepeda	[sepeda]
scooter (m)	skuter	[skuter]
motocicleta (f)	sepeda motor	[sepeda motor]
ir en bicicleta	naik sepeda	[naiʔ sepeda]
manillar (m)	kemudi, setang	[kemudi], [setaŋ]
pedal (m)	pedal	[pedal]
frenos (m pl)	rem	[rem]
sillín (m)	sadel	[sadel]
bomba (f)	pompa	[pompa]
portaequipajes (m)	boncengan	[bonʧeŋan]
faro (m)	lampu depan, berko	[lampu depan], [bərko]
casco (m)	helm	[helm]
rueda (f)	roda	[roda]
guardabarros (m)	sayap roda	[sajap roda]
llanta (f)	bingkai	[biŋkaj]
rayo (m)	jari-jari, ruji	[dʒʲari-dʒʲari], [rudʒi]

Los coches

146. El coche

coche (m)	**mobil**	[mobil]
coche (m) deportivo	**mobil sports**	[mobil sports]
limusina (f)	**limusin**	[limusin]
todoterreno (m)	**kendaraan lintas medan**	[kendara'an lintas medan]
cabriolé (m)	**kabriolet**	[kabriolet]
microbús (m)	**minibus**	[minibus]
ambulancia (f)	**ambulans**	[ambulans]
quitanieves (m)	**truk pembersih salju**	[tru' pembersih saldʒʲu]
camión (m)	**truk**	[tru']
camión (m) cisterna	**truk tangki**	[tru' taŋki]
camioneta (f)	**mobil van**	[mobil van]
cabeza (f) tractora	**truk semi trailer**	[tra' semi treyler]
remolque (m)	**trailer**	[treyler]
confortable (adj)	**nyaman**	[njaman]
de ocasión (adj)	**bekas**	[bekas]

147. El coche. El taller

capó (m)	**kap**	[kap]
guardabarros (m)	**sepatbor**	[sepatbor]
techo (m)	**atap**	[atap]
parabrisas (m)	**kaca depan**	[katʃa depan]
espejo (m) retrovisor	**spion belakang**	[spion belakaŋ]
limpiador (m)	**pencuci kaca**	[pentʃutʃi katʃa]
limpiaparabrisas (m)	**karet wiper**	[karet wiper]
ventana (f) lateral	**jendela mobil**	[dʒʲendela mobil]
elevalunas (m)	**pemutar jendela**	[pemutar dʒʲendela]
antena (f)	**antena**	[antena]
techo (m) solar	**panel atap**	[panel atap]
parachoques (m)	**bumper**	[bumper]
maletero (m)	**bagasi mobil**	[bagasi mobil]
baca (f) (portaequipajes)	**rak bagasi atas**	[ra' bagasi atas]
puerta (f)	**pintu**	[pintu]
tirador (m) de puerta	**gagang pintu**	[gagaŋ pintu]
cerradura (f)	**kunci**	[kuntʃi]
matrícula (f)	**pelat nomor**	[pelat nomor]
silenciador (m)	**peredam suara**	[pəredam suara]

tanque (m) de gasolina	tangki bahan bakar	[taŋki bahan bakar]
tubo (m) de escape	knalpot	[knalpot]
acelerador (m)	gas	[gas]
pedal (m)	pedal	[pedal]
pedal (m) de acelerador	pedal gas	[pedal gas]
freno (m)	rem	[rem]
pedal (m) de freno	pedal rem	[pedal rem]
frenar (vi)	mengerem	[məŋerem]
freno (m) de mano	rem tangan	[rem taŋan]
embrague (m)	kopling	[kopliŋ]
pedal (m) de embrague	pedal kopling	[pedal kopliŋ]
disco (m) de embrague	pelat kopling	[pelat kopliŋ]
amortiguador (m)	peredam kejut	[pəredam kedʒ'ut]
rueda (f)	roda	[roda]
rueda (f) de repuesto	ban serep	[ban serep]
neumático (m)	ban	[ban]
tapacubo (m)	dop	[dop]
ruedas (f pl) motrices	roda penggerak	[roda peŋgera']
de tracción delantera	penggerak roda depan	[peŋgera' roda depan]
de tracción trasera	penggerak roda belakang	[peŋgera' roda belakaŋ]
de tracción integral	penggerak roda empat	[peŋgera' roda empat]
caja (f) de cambios	transmisi, girboks	[transmisi], [girboks]
automático (adj)	otomatis	[otomatis]
mecánico (adj)	mekanis	[mekanis]
palanca (f) de cambios	tuas persneling	[tuas pərsneliŋ]
faro (m) delantero	lampu depan	[lampu depan]
faros (m pl)	lampu depan	[lampu depan]
luz (f) de cruce	lampu dekat	[lampu dekat]
luz (f) de carretera	lampu jauh	[lampu dʒ'auh]
luz (f) de freno	lampu rem	[lampu rem]
luz (f) de posición	lampu kecil	[lampu ketʃil]
luces (f pl) de emergencia	lampu bahaya	[lampu bahaja]
luces (f pl) antiniebla	lampu kabut	[lampu kabut]
intermitente (m)	lampu sein	[lampu sein]
luz (f) de marcha atrás	lampu belakang	[lampu belakaŋ]

148. El coche. El compartimiento de pasajeros

habitáculo (m)	kabin, interior	[kabin], [interior]
de cuero (adj)	kulit	[kulit]
de felpa (adj)	velour	[velour]
tapizado (m)	pelapis jok	[pelapis dʒo']
instrumento (m)	alat pengukur	[alat peŋukur]
salpicadero (m)	dasbor	[dasbor]

velocímetro (m)	spidometer	[spidometer]
aguja (f)	jarum	[dʒˈarum]
cuentakilómetros (m)	odometer	[odometer]
indicador (m)	indikator, sensor	[indikator], [sensor]
nivel (m)	level	[level]
testigo (m) (~ luminoso)	lampu indikator	[lampu indikator]
volante (m)	setir	[setir]
bocina (f)	klakson	[klakson]
botón (m)	tombol	[tombol]
interruptor (m)	tuas	[tuas]
asiento (m)	jok	[dʒoʔ]
respaldo (m)	sandaran	[sandaran]
reposacabezas (m)	sandaran kepala	[sandaran kepala]
cinturón (m) de seguridad	sabuk pengaman	[sabuʔ peŋaman]
abrocharse el cinturón	mengencangkan sabuk pengaman	[məŋentʃaŋkan sabuʔ peŋaman]
reglaje (m)	penyetelan	[penjetelan]
bolsa (f) de aire (airbag)	bantal udara	[bantal udara]
climatizador (m)	penyejuk udara	[penjedʒˈuʔ udara]
radio (m)	radio	[radio]
reproductor (m) de CD	pemutar CD	[pemutar si-di]
encender (vt)	menyalakan	[menjalakan]
antena (f)	antena	[antena]
guantera (f)	laci depan	[latʃi depan]
cenicero (m)	asbak	[asbaʔ]

149. El coche. El motor

motor (m)	mesin	[meʃin]
motor (m)	motor	[motor]
diésel (adj)	diesel	[disel]
a gasolina (adj)	bensin	[bensin]
volumen (m) del motor	kapasitas mesin	[kapasitas mesin]
potencia (f)	daya, tenaga	[daja], [tenaga]
caballo (m) de fuerza	tenaga kuda	[tenaga kuda]
pistón (m)	piston	[piston]
cilindro (m)	silinder	[silinder]
válvula (f)	katup	[katup]
inyector (m)	injektor	[indʒˈektor]
generador (m)	generator	[generator]
carburador (m)	karburator	[karburator]
aceite (m) de motor	oli	[oli]
radiador (m)	radiator	[radiator]
liquido (m) refrigerante	cairan pendingin	[tʃajran pendiŋin]
ventilador (m)	kipas angin	[kipas aŋin]
estárter (m)	starter	[starter]

encendido (m)	pengapian	[peŋapian]
bujía (f)	busi	[busi]
fusible (m)	sekering	[sekeriŋ]

batería (f)	aki	[aki]
terminal (m)	elektroda	[elektroda]
terminal (m) positivo	terminal positif	[tərminal positif]
terminal (m) negativo	terminal negatif	[tərminal negatif]

filtro (m) de aire	filter udara	[filter udara]
filtro (m) de aceite	filter oli	[filter oli]
filtro (m) de combustible	filter bahan bakar	[filter bahan bakar]

150. El coche. Accidente de tráfico. La reparación

accidente (m)	kecelakaan mobil	[ketʃelaka'an mobil]
accidente (m) de tráfico	kecelakaan jalan raya	[ketʃelaka'an dʒialan raja]
chocar contra ...	menabrak	[mənabra']
tener un accidente	mengalami kecelakaan	[məŋalami ketʃelaka'an]
daño (m)	kerusakan	[kerusakan]
intacto (adj)	tidak tersentuh	[tida' tərsentuh]

pana (f)	kerusakan	[kerusakan]
averiarse (vr)	rusak	[rusa']
remolque (m) (cuerda)	tali penyeret	[tali penjeret]

pinchazo (m)	ban bocor	[ban botʃor]
desinflarse (vr)	kempes	[kempes]
inflar (vt)	memompa	[memompa]
presión (f)	tekanan	[tekanan]
verificar (vt)	memeriksa	[memeriksa]

reparación (f)	reparasi	[reparasi]
taller (m)	bengkel mobil	[beŋkel mobil]
parte (f) de repuesto	onderdil, suku cadang	[onderdil], [suku tʃadaŋ]
parte (f)	komponen	[komponen]

perno (m)	baut	[baut]
tornillo (m)	sekrup	[sekrup]
tuerca (f)	mur	[mur]
arandela (f)	ring	[riŋ]
rodamiento (m)	bantalan luncur	[bantalan luntʃur]

tubo (m)	pipa	[pipa]
junta (f)	gasket	[gasket]
cable, hilo (m)	kabel, kawat	[kabel], [kawat]

gato (m)	dongkrak	[doŋkra']
llave (f) de tuerca	kunci pas	[kuntʃi pas]
martillo (m)	martil, palu	[martil], [palu]
bomba (f)	pompa	[pompa]
destornillador (m)	obeng	[obeŋ]
extintor (m)	pemadam api	[pemadam api]
triángulo (m) de avería	segi tiga pengaman	[segi tiga peŋaman]

pararse, calarse (vr)	mogok	[mogoʔ]
parada (f) (del motor)	mogok	[mogoʔ]
estar averiado	rusak	[rusaʔ]
recalentarse (vr)	kepanasan	[kepanasan]
estar atascado	tersumbat	[tərsumbat]
congelarse (vr)	membeku	[membeku]
reventar (vi)	pecah	[petʃah]
presión (f)	tekanan	[tekanan]
nivel (m)	level	[level]
flojo (correa ~a)	longgar	[loŋgar]
abolladura (f)	penyok	[penjoʔ]
ruido (m) (en el motor)	ketukan	[ketukan]
grieta (f)	retak	[retaʔ]
rozadura (f)	gores	[gores]

151. El coche. El camino

camino (m)	jalan	[dʒ¹alan]
autovía (f)	jalan raya	[dʒ¹alan raja]
carretera (f)	jalan raya	[dʒ¹alan raja]
dirección (f)	arah	[arah]
distancia (f)	jarak	[dʒ¹araʔ]
puente (m)	jembatan	[dʒ¹embatan]
aparcamiento (m)	tempat parkir	[tempat parkir]
plaza (f)	lapangan	[lapaŋan]
intercambiador (m)	jembatan simpang susun	[dʒ¹embatan simpaŋ susun]
túnel (m)	terowongan	[tərowoŋan]
gasolinera (f)	SPBU, stasiun bensin	[es-pe-be-u], [stasjun bensin]
aparcamiento (m)	tempat parkir	[tempat parkir]
surtidor (m)	stasiun bahan bakar	[stasiun bahan bakar]
taller (m)	bengkel mobil	[beŋkel mobil]
cargar gasolina	mengisi bahan bakar	[məŋisi bahan bakar]
combustible (m)	bahan bakar	[bahan bakar]
bidón (m) de gasolina	jeriken	[dʒ¹eriken]
asfalto (m)	aspal	[aspal]
señalización (f) vial	penandaan jalan	[penandaʔan dʒ¹alan]
bordillo (m)	kerb jalan	[kerb dʒ¹alan]
barrera (f) de seguridad	pagar pematas	[pagar pematas]
cuneta (f)	parit	[parit]
borde (m) de la carretera	bahu jalan	[bahu dʒ¹alan]
farola (f)	tiang lampu	[tiaŋ lampu]
conducir (vi, vt)	menyetir	[mənjetir]
girar (~ a la izquierda)	membelok	[membeloʔ]
girar en U	memutar arah	[memutar arah]
marcha (f) atrás	mundur	[mundur]
tocar la bocina	membunyikan klakson	[membunjikan klakson]
bocinazo (m)	suara klakson	[suara klakson]

atascarse (vr)	terjebak	[tərʤ́eba']
patinar (vi)	terjebak	[tərʤ́eba']
parar (el motor)	mematikan	[mematikan]

velocidad (f)	kecepatan	[keʧepatan]
exceder la velocidad	melebihi batas kecepatan	[melebihi batas keʧepatan]
multar (vt)	memberikan surat tilang	[memberikan surat tilaŋ]
semáforo (m)	lampu lalu lintas	[lampu lalu lintas]
permiso (m) de conducir	Surat Izin Mengemudi, SIM	[surat izin məŋemudi], [sim]

paso (m) a nivel	lintasan	[lintasan]
cruce (m)	persimpangan	[pərsimpaŋan]
paso (m) de peatones	penyeberangan	[penjeberaŋan]
zona (f) de peatones	kawasan pejalan kaki	[kawasan peʤ́alan kaki]

LA GENTE. ACONTECIMIENTOS DE LA VIDA

152. Los días festivos. Los eventos

fiesta (f)	perayaan	[pəraja'an]
fiesta (f) nacional	hari besar nasional	[hari besar nasional]
día (m) de fiesta	hari libur	[hari libur]
celebrar (vt)	merayakan	[merajakan]
evento (m)	peristiwa, kejadian	[pəristiwa], [kedʒʲadian]
medida (f)	acara	[atʃara]
banquete (m)	banket	[banket]
recepción (f)	resepsi	[resepsi]
festín (m)	pesta	[pesta]
aniversario (m)	hari jadi, HUT	[hari dʒʲadi], [ha-u-te]
jubileo (m)	yubileum	[yubileum]
Año (m) Nuevo	Tahun Baru	[tahun baru]
¡Feliz Año Nuevo!	Selamat Tahun Baru!	[selamat tahun baru!]
Papá Noel (m)	Sinterklas	[sinterklas]
Navidad (f)	Natal	[natal]
¡Feliz Navidad!	Selamat Hari Natal!	[selamat hari natal!]
árbol (m) de Navidad	pohon Natal	[pohon natal]
fuegos (m pl) artificiales	kembang api	[kembaŋ api]
boda (f)	pernikahan	[pərnikahan]
novio (m)	mempelai lelaki	[mempelaj lelaki]
novia (f)	mempelai perempuan	[mempelaj pərempuan]
invitar (vt)	mengundang	[məŋundaŋ]
tarjeta (f) de invitación	kartu undangan	[kartu undaŋan]
invitado (m)	tamu	[tamu]
visitar (vt) (a los amigos)	mengunjungi	[məŋundʒʲuŋi]
recibir a los invitados	menyambut tamu	[mənjambut tamu]
regalo (m)	hadiah	[hadiah]
regalar (vt)	memberi	[memberi]
recibir regalos	menerima hadiah	[mənerima hadiah]
ramo (m) de flores	buket	[buket]
felicitación (f)	ucapan selamat	[utʃapan selamat]
felicitar (vt)	mengucapkan selamat	[mənutʃapkan selamat]
tarjeta (f) de felicitación	kartu ucapan selamat	[kartu utʃapan selamat]
enviar una tarjeta	mengirim kartu pos	[məŋirim kartu pos]
recibir una tarjeta	menerima kartu pos	[mənerima kartu pos]
brindis (m)	toas	[toas]

| ofrecer (~ una copa) | menawari | [mənawari] |
| champaña (f) | sampanye | [sampanje] |

divertirse (vr)	bersukaria	[bərsukaria]
diversión (f)	keriangan, kegembiraan	[keriaŋan], [kegembira'an]
alegría (f) (emoción)	kegembiraan	[kegembira'an]

| baile (m) | dansa, tari | [dansa], [tari] |
| bailar (vi, vt) | berdansa, menari | [bərdansa], [menari] |

| vals (m) | wals | [wals] |
| tango (m) | tango | [taŋo] |

153. Los funerales. El entierro

cementerio (m)	pemakaman	[pemakaman]
tumba (f)	makam	[makam]
cruz (f)	salib	[salib]
lápida (f)	batu nisan	[batu nisan]
verja (f)	pagar	[pagar]
capilla (f)	kapel	[kapel]

muerte (f)	kematian	[kematian]
morir (vi)	mati, meninggal	[mati], [meniŋgal]
difunto (m)	almarhum	[almarhum]
luto (m)	perkabungan	[pərkabuŋan]

enterrar (vt)	memakamkan	[memakamkan]
funeraria (f)	rumah duka	[rumah duka]
entierro (m)	pemakaman	[pemakaman]

corona (f) funeraria	karangan bunga	[karaŋan buŋa]
ataúd (m)	keranda	[keranda]
coche (m) fúnebre	mobil jenazah	[mobil dӡ'enazah]
mortaja (f)	kain kafan	[kain kafan]

cortejo (m) fúnebre	prosesi pemakaman	[prosesi pemakaman]
urna (f) funeraria	guci abu jenazah	[gutʃi abu dӡ'enazah]
crematorio (m)	krematorium	[krematorium]

necrología (f)	obituarium	[obituarium]
llorar (vi)	menangis	[mənaŋis]
sollozar (vi)	meratap	[meratap]

154. La guerra. Los soldados

sección (f)	peleton	[peleton]
compañía (f)	kompi	[kompi]
regimiento (m)	resimen	[resimen]
ejército (m)	tentara	[tentara]
división (f)	divisi	[divisi]
destacamento (m)	pasukan	[pasukan]

hueste (f)	**tentara**	[tentara]
soldado (m)	**tentara, serdadu**	[tentara], [serdadu]
oficial (m)	**perwira**	[pərwira]
soldado (m) raso	**prajurit**	[pradʒ'urit]
sargento (m)	**sersan**	[sersan]
teniente (m)	**letnan**	[letnan]
capitán (m)	**kapten**	[kapten]
mayor (m)	**mayor**	[major]
coronel (m)	**kolonel**	[kolonel]
general (m)	**jenderal**	[dʒ'enderal]
marino (m)	**pelaut**	[pelaut]
capitán (m)	**kapten**	[kapten]
contramaestre (m)	**bosman, bosun**	[bosman], [bosun]
artillero (m)	**tentara artileri**	[tentara artileri]
paracaidista (m)	**pasukan penerjun**	[pasukan penerdʒ'un]
piloto (m)	**pilot**	[pilot]
navegador (m)	**navigator, penavigasi**	[navigator], [penavigasi]
mecánico (m)	**mekanik**	[mekaniʔ]
zapador (m)	**pencari ranjau**	[pentʃari randʒ'au]
paracaidista (m)	**parasutis**	[parasutis]
explorador (m)	**pengintai**	[peɲintaj]
francotirador (m)	**penembak jitu**	[penemba' dʒitu]
patrulla (f)	**patroli**	[patroli]
patrullar (vi, vt)	**berpatroli**	[bərpatroli]
centinela (m)	**pengawal**	[peŋawal]
guerrero (m)	**prajurit**	[pradʒ'urit]
patriota (m)	**patriot**	[patriot]
héroe (m)	**pahlawan**	[pahlawan]
heroína (f)	**pahlawan wanita**	[pahlawan wanita]
traidor (m)	**pengkhianat**	[peŋhianat]
traicionar (vt)	**mengkhianati**	[məŋhianati]
desertor (m)	**desertir**	[desertir]
desertar (vi)	**melakukan desersi**	[melakukan desersi]
mercenario (m)	**tentara bayaran**	[tentara bajaran]
recluta (m)	**rekrut, calon tentara**	[rekrut], [tʃalon tentara]
voluntario (m)	**sukarelawan**	[sukarelawan]
muerto (m)	**korban meninggal**	[korban meniŋgal]
herido (m)	**korban luka**	[korban luka]
prisionero (m)	**tawanan perang**	[tawanan pəraŋ]

155. La guerra. El ámbito militar. Unidad 1

guerra (f)	**perang**	[peraŋ]
estar en guerra	**berperang**	[bərperaŋ]

guerra (f) civil	perang saudara	[pəraŋ saudara]
pérfidamente (adv)	secara curang	[setʃara tʃuraŋ]
declaración (f) de guerra	pernyataan perang	[pernjata'an pəraŋ]
declarar (~ la guerra)	menyatakan perang	[mənjatakan pəraŋ]
agresión (f)	agresi	[agresi]
atacar (~ a un país)	menyerang	[mənjeraŋ]
invadir (vt)	menduduki	[mənduduki]
invasor (m)	penduduk	[pendudu']
conquistador (m)	penakluk	[penaklu']
defensa (f)	pertahanan	[pərtahanan]
defender (vt)	mempertahankan	[mempertahankan]
defenderse (vr)	bertahan ...	[bərtahan ...]
enemigo (m)	musuh	[musuh]
adversario (m)	lawan	[lawan]
enemigo (adj)	musuh	[musuh]
estrategia (f)	strategi	[strategi]
táctica (f)	taktik	[takti']
orden (f)	perintah	[pərintah]
comando (m)	perintah	[pərintah]
ordenar (vt)	memerintahkan	[memerintahkan]
misión (f)	tugas	[tugas]
secreto (adj)	rahasia	[rahasia]
batalla (f)	pertempuran	[pərtempuran]
combate (m)	pertempuran	[pərtempuran]
ataque (m)	serangan	[seraŋan]
asalto (m)	serbuan	[serbuan]
tomar por asalto	menyerbu	[mənjerbu]
asedio (m), sitio (m)	kepungan	[kepuŋan]
ofensiva (f)	serangan	[seraŋan]
tomar la ofensiva	menyerang	[mənjeraŋ]
retirada (f)	pengunduran	[peŋunduran]
retirarse (vr)	mundur	[mundur]
envolvimiento (m)	pengepungan	[peŋepuŋan]
cercar (vt)	mengepung	[məŋepuŋ]
bombardeo (m)	pengeboman	[peŋeboman]
lanzar una bomba	menjatuhkan bom	[məndʒatuhkan bom]
bombear (vt)	mengebom	[məŋebom]
explosión (f)	ledakan	[ledakan]
tiro (m), disparo (m)	tembakan	[tembakan]
disparar (vi)	melepaskan	[melepaskan]
tiro (m) (de artillería)	penembakan	[penembakan]
apuntar a ...	membidik	[membidi']
encarar (apuntar)	mengarahkan	[məŋarahkan]

alcanzar (el objetivo)	mengenai	[məŋenaj]
hundir (vt)	menenggelamkan	[mənəŋgelamkan]
brecha (f) (~ en el casco)	lubang	[lubaŋ]
hundirse (vr)	karam	[karam]

frente (m)	garis depan	[garis depan]
evacuación (f)	evakuasi	[evakuasi]
evacuar (vt)	mengevakuasi	[məŋevakuasi]

trinchera (f)	parit perlindungan	[parit pərlinduŋan]
alambre (m) de púas	kawat berduri	[kawat bərduri]
barrera (f) (~ antitanque)	rintangan	[rintaŋan]
torre (f) de vigilancia	menara	[mənara]

hospital (m)	rumah sakit militer	[rumah sakit militer]
herir (vt)	melukai	[melukaj]
herida (f)	luka	[luka]
herido (m)	korban luka	[korban luka]
recibir una herida	terluka	[tərluka]
grave (herida)	parah	[parah]

156. Las armas

arma (f)	senjata	[sendʒata]
arma (f) de fuego	senjata api	[sendʒata api]
arma (f) blanca	sejata tajam	[sedʒata tadʒam]

arma (f) química	senjata kimia	[sendʒata kimia]
nuclear (adj)	nuklir	[nuklir]
arma (f) nuclear	senjata nuklir	[sendʒata nuklir]

| bomba (f) | bom | [bom] |
| bomba (f) atómica | bom atom | [bom atom] |

pistola (f)	pistol	[pistol]
fusil (m)	senapan	[senapan]
metralleta (f)	senapan otomatis	[senapan otomatis]
ametralladora (f)	senapan mesin	[senapan mesin]

boca (f)	moncong	[montʃoŋ]
cañón (m) (del arma)	laras	[laras]
calibre (m)	kaliber	[kaliber]

gatillo (m)	pelatuk	[pelatuʔ]
alza (f)	pembidik	[pembidiʔ]
cargador (m)	magasin	[magasin]
culata (f)	pantat senapan	[pantat senapan]

| granada (f) de mano | granat tangan | [granat taŋan] |
| explosivo (m) | bahan peledak | [bahan peledaʔ] |

bala (f)	peluru	[peluru]
cartucho (m)	patrun	[patrun]
carga (f)	isian	[isian]

pertrechos (m pl)	amunisi	[amunisi]
bombardero (m)	pesawat pengebom	[pesawat peŋebom]
avión (m) de caza	pesawat pemburu	[pesawat pemburu]
helicóptero (m)	helikopter	[helikopter]
antiaéreo (m)	meriam penangkis serangan udara	[meriam penaŋkis seraŋan udara]
tanque (m)	tank	[tanꞋ]
cañón (m) (de un tanque)	meriam tank	[meriam tanꞋ]
artillería (f)	artileri	[artileri]
cañón (m) (arma)	meriam	[meriam]
dirigir (un misil, etc.)	mengarahkan	[meŋarahkan]
mortero (m)	mortir	[mortir]
bomba (f) de mortero	peluru mortir	[peluru mortir]
obús (m)	peluru	[peluru]
trozo (m) de obús	serpihan	[serpihan]
submarino (m)	kapal selam	[kapal selam]
torpedo (m)	torpedo	[torpedo]
misil (m)	rudal	[rudal]
cargar (pistola)	mengisi	[meŋisi]
tirar (vi)	menembak	[menembaꞋ]
apuntar a …	membidik	[membidiꞋ]
bayoneta (f)	bayonet	[bajonet]
espada (f) (duelo a ~)	pedang rapier	[pedaŋ rapier]
sable (m)	pedang saber	[pedaŋ saber]
lanza (f)	lembing	[lembiŋ]
arco (m)	busur panah	[busur panah]
flecha (f)	anak panah	[anaꞋ panah]
mosquete (m)	senapan lantak	[senapan lantaꞋ]
ballesta (f)	busur silang	[busur silaŋ]

157. Los pueblos antiguos

primitivo (adj)	primitif	[primitif]
prehistórico (adj)	prasejarah	[prasedʒⁱarah]
antiguo (adj)	kuno	[kuno]
Edad (f) de Piedra	Zaman Batu	[zaman batu]
Edad (f) de Bronce	Zaman Perunggu	[zaman peruŋgu]
Edad (f) de Hielo	Zaman Es	[zaman es]
tribu (f)	suku	[suku]
caníbal (m)	kanibal	[kanibal]
cazador (m)	pemburu	[pemburu]
cazar (vi, vt)	berburu	[berburu]
mamut (m)	mamut	[mamut]
caverna (f)	gua	[gua]
fuego (m)	api	[api]

| hoguera (f) | api unggun | [api uŋgun] |
| pintura (f) rupestre | lukisan gua | [lukisan gua] |

herramienta (f), útil (m)	alat kerja	[alat kerdʒ'a]
lanza (f)	tombak	[tomba']
hacha (f) de piedra	kapak batu	[kapa' batu]
estar en guerra	berperang	[bərperaŋ]
domesticar (vt)	menjinakkan	[məndʒina'kan]

ídolo (m)	berhala	[bərhala]
adorar (vt)	memuja	[memudʒ'a]
superstición (f)	takhayul	[tahajul]
rito (m)	upacara	[upatʃara]

evolución (f)	evolusi	[evolusi]
desarrollo (m)	perkembangan	[pərkembaŋan]
desaparición (f)	kehilangan	[kehilaŋan]
adaptarse (vr)	menyesuaikan diri	[mənjesuajkan diri]

arqueología (f)	arkeologi	[arkeologi]
arqueólogo (m)	arkeolog	[arkeolog]
arqueológico (adj)	arkeologis	[arkeologis]

sitio (m) de excavación	situs ekskavasi	[situs ekskavasi]
excavaciones (f pl)	ekskavasi	[ekskavasi]
hallazgo (m)	penemuan	[penemuan]
fragmento (m)	fragmen	[fragmen]

158. La Edad Media

pueblo (m)	rakyat	[rakjat]
pueblos (m pl)	bangsa-bangsa	[baŋsa-baŋsa]
tribu (f)	suku	[suku]
tribus (f pl)	suku-suku	[suku-suku]

bárbaros (m pl)	kaum barbar	[kaum barbar]
galos (m pl)	kaum Gaul	[kaum gaul]
godos (m pl)	kaum Goth	[kaum got]
eslavos (m pl)	kaum Slavia	[kaum slavia]
vikingos (m pl)	kaum Viking	[kaum vikiŋ]

| romanos (m pl) | kaum Roma | [kaum roma] |
| romano (adj) | Romawi | [romawi] |

bizantinos (m pl)	kaum Byzantium	[kaum bizantium]
Bizancio (m)	Byzantium	[bizantium]
bizantino (adj)	Byzantium	[bizantium]

emperador (m)	kaisar	[kajsar]
jefe (m)	pemimpin	[pemimpin]
poderoso (adj)	adikuasa, berkuasa	[adikuasa], [bərkuasa]
rey (m)	raja	[radʒ'a]
gobernador (m)	penguasa	[peŋuasa]
caballero (m)	ksatria	[ksatria]

señor (m) feudal	tuan	[tuan]
feudal (adj)	feodal	[feodal]
vasallo (m)	vasal	[vasal]

duque (m)	duke	[duke]
conde (m)	earl	[earl]
barón (m)	baron	[baron]
obispo (m)	uskup	[uskup]

armadura (f)	baju besi	[badʒⁱu besi]
escudo (m)	perisai	[pərisaj]
espada (f) (danza de ~s)	pedang	[pedaŋ]
visera (f)	visor, topeng besi	[visor], [topeŋ besi]
cota (f) de malla	baju zirah	[badʒⁱu zirah]
cruzada (f)	Perang Salib	[pəraŋ salib]
cruzado (m)	kaum salib	[kaum salib]

territorio (m)	wilayah	[wilajah]
atacar (~ a un país)	menyerang	[mənjeraŋ]
conquistar (vt)	menaklukkan	[mənakluʔkan]
ocupar (invadir)	menduduki	[mənduduki]

asedio (m), sitio (m)	kepungan	[kepuŋan]
sitiado (adj)	terkepung	[tərkepuŋ]
asediar, sitiar (vt)	mengepung	[məŋepuŋ]

inquisición (f)	inkuisisi	[inkuisisi]
inquisidor (m)	inkuisitor	[inkuisitor]
tortura (f)	siksaan	[siksaʔan]
cruel (adj)	kejam	[kedʒⁱam]
hereje (m)	penganut bidah	[peŋanut bidah]
herejía (f)	bidah	[bidah]

navegación (f) marítima	pelayaran laut	[pelajaran laut]
pirata (m)	bajak laut	[badʒⁱaʔ laut]
piratería (f)	pembajakan	[pembadʒⁱakan]
abordaje (m)	serangan terhadap kapal dari dekat	[seraŋan tərhadap kapal dari dekat]
botín (m)	rampasan	[rampasan]
tesoros (m pl)	harta karun	[harta karun]

descubrimiento (m)	penemuan	[penemuan]
descubrir (tierras nuevas)	menemukan	[mənemukan]
expedición (f)	ekspedisi	[ekspedisi]

mosquetero (m)	musketir	[musketir]
cardenal (m)	kardinal	[kardinal]
heráldica (f)	heraldik	[heraldiʔ]
heráldico (adj)	heraldik	[heraldiʔ]

159. El líder. El jefe. Las autoridades

rey (m)	raja	[radʒⁱa]
reina (f)	ratu	[ratu]

real (adj)	kerajaan, raja	[keraʤ'a'an], [raʤ'a]
reino (m)	kerajaan	[keraʤ'a'an]
príncipe (m)	pangeran	[paŋeran]
princesa (f)	putri	[putri]
presidente (m)	presiden	[presiden]
vicepresidente (m)	wakil presiden	[wakil presiden]
senador (m)	senator	[senator]
monarca (m)	monark	[monar']
gobernador (m)	penguasa	[peŋuasa]
dictador (m)	diktator	[diktator]
tirano (m)	tiran	[tiran]
magnate (m)	magnat	[magnat]
director (m)	direktur	[direktur]
jefe (m)	atasan	[atasan]
gerente (m)	manajer	[manaʤ'er]
amo (m)	bos	[bos]
dueño (m)	pemilik	[pemili']
jefe (m), líder (m)	pemimpin	[pemimpin]
jefe (m) (~ de delegación)	kepala	[kepala]
autoridades (f pl)	pihak berwenang	[piha' bərwenaŋ]
superiores (m pl)	atasan	[atasan]
gobernador (m)	gabernur	[gabernur]
cónsul (m)	konsul	[konsul]
diplomático (m)	diplomat	[diplomat]
alcalde (m)	walikota	[walikota]
sheriff (m)	sheriff	[ʃeriff]
emperador (m)	kaisar	[kajsar]
zar (m)	tsar, raja	[tsar], [raʤ'a]
faraón (m)	firaun	[firaun]
jan (m), kan (m)	khan	[han]

160. Violar la ley. Los criminales. Unidad 1

bandido (m)	bandit	[bandit]
crimen (m)	kejahatan	[keʤ'ahatan]
criminal (m)	penjahat	[penʤ'ahat]
ladrón (m)	pencuri	[pentʃuri]
robar (vt)	mencuri	[məntʃuri]
robo (m)	pencurian	[pentʃurian]
secuestrar (vt)	menculik	[məntʃuli']
secuestro (m)	penculikan	[pentʃulikan]
secuestrador (m)	penculik	[pentʃuli']
rescate (m)	uang tebusan	[uaŋ tebusan]
exigir un rescate	menuntut uang tebusan	[mənuntut uaŋ tebusan]

robar (vt)	merampok	[merampoˀ]
robo (m)	perampokan	[pərampokan]
atracador (m)	perampok	[pərampoˀ]

extorsionar (vt)	memeras	[memeras]
extorsionista (m)	pemeras	[pemeras]
extorsión (f)	pemerasan	[pemerasan]

matar, asesinar (vt)	membunuh	[membunuh]
asesinato (m)	pembunuhan	[pembunuhan]
asesino (m)	pembunuh	[pembunuh]

tiro (m), disparo (m)	tembakan	[tembakan]
disparar (vi)	melepaskan	[melepaskan]
matar (a tiros)	menembak mati	[mənemba' mati]
tirar (vi)	menembak	[mənembaˀ]
tiroteo (m)	penembakan	[penembakan]

incidente (m)	insiden, kejadian	[insiden], [kedʒˈadian]
pelea (f)	perkelahian	[pərkelahian]
¡Socorro!	Tolong!	[toloŋ!]
víctima (f)	korban	[korban]

perjudicar (vt)	merusak	[merusaˀ]
daño (m)	kerusakan	[kerusakan]
cadáver (m)	jenazah, mayat	[dʒˈenazah], [majat]
grave (un delito ~)	berat	[berat]

atacar (vt)	menyerang	[mənjeraŋ]
pegar (golpear)	memukul	[memukul]
apporear (vt)	memukuli	[memukuli]
quitar (robar)	merebut	[merebut]
acuchillar (vt)	menikam mati	[mənikam mati]

| mutilar (vt) | mencederai | [məntʃederaj] |
| herir (vt) | melukai | [melukaj] |

chantaje (m)	pemerasan	[pemerasan]
hacer chantaje	memeras	[memeras]
chantajista (m)	pemeras	[pemeras]

| extorsión (f) | pemerasan | [pemerasan] |
| extorsionador (m) | pemeras | [pemeras] |

| gángster (m) | gangster, preman | [gaŋster], [preman] |
| mafia (f) | mafia | [mafia] |

| carterista (m) | pencopet | [pentʃopet] |
| ladrón (m) de viviendas | perampok | [pərampoˀ] |

| contrabandismo (m) | penyelundupan | [penjelundupan] |
| contrabandista (m) | penyelundup | [penjelundup] |

falsificación (f)	pemalsuan	[pemalsuan]
falsificar (vt)	memalsukan	[memalsukan]
falso (falsificado)	palsu	[palsu]

161. Violar la ley. Los criminales. Unidad 2

violación (f)	**pemerkosaan**	[pemerkosa'an]
violar (vt)	**memerkosa**	[memerkosa]
violador (m)	**pemerkosa**	[pemerkosa]
maniaco (m)	**maniak**	[mania']
prostituta (f)	**pelacur**	[pelatʃur]
prostitución (f)	**pelacuran**	[pelatʃuran]
chulo (m), proxeneta (m)	**germo**	[germo]
drogadicto (m)	**pecandu narkoba**	[petʃandu narkoba]
narcotraficante (m)	**pengedar narkoba**	[peŋedar narkoba]
hacer explotar	**meledakkan**	[meleda'kan]
explosión (f)	**ledakan**	[ledakan]
incendiar (vt)	**membakar**	[membakar]
incendiario (m)	**pelaku pembakaran**	[pelaku pembakaran]
terrorismo (m)	**terorisme**	[tərorisme]
terrorista (m)	**teroris**	[təroris]
rehén (m)	**sandera**	[sandera]
estafar (vt)	**menipu**	[mənipu]
estafa (f)	**penipuan**	[penipuan]
estafador (m)	**penipu**	[penipu]
sobornar (vt)	**menyuap**	[mənyuap]
soborno (m) (delito)	**penyuapan**	[penyuapan]
soborno (m) (dinero, etc.)	**uang suap, suapan**	[uaŋ suap], [suapan]
veneno (m)	**racun**	[ratʃun]
envenenar (vt)	**meracuni**	[meratʃuni]
envenenarse (vr)	**meracuni diri sendiri**	[meratʃuni diri sendiri]
suicidio (m)	**bunuh diri**	[bunuh diri]
suicida (m, f)	**pelaku bunuh diri**	[pelaku bunuh diri]
amenazar (vt)	**mengancam**	[məŋantʃam]
amenaza (f)	**ancaman**	[antʃaman]
atentar (vi)	**melakukan percobaan pembunuhan**	[melakukan pərtʃoba'an pembunuhan]
atentado (m)	**percobaan pembunuhan**	[pərtʃoba'an pembunuhan]
robar (un coche)	**mencuri**	[məntʃuri]
secuestrar (un avión)	**membajak**	[membadʒ'a']
venganza (f)	**dendam**	[dendam]
vengar (vt)	**membalas dendam**	[membalas dendam]
torturar (vt)	**menyiksa**	[mənjiksa]
tortura (f)	**siksaan**	[siksa'an]
atormentar (vt)	**menyiksa**	[mənjiksa]
pirata (m)	**bajak laut**	[badʒ'a' laut]
gamberro (m)	**berandal**	[bərandal]

armado (adj)	bersenjata	[bərsendʒʲata]
violencia (f)	kekerasan	[kekerasan]
ilegal (adj)	ilegal	[ilegal]
espionaje (m)	spionase	[spionase]
espiar (vi, vt)	memata-matai	[memata-mataj]

162. La policía. La ley. Unidad 1

justicia (f)	keadilan	[keadilan]
tribunal (m)	pengadilan	[peŋadilan]
juez (m)	hakim	[hakim]
jurados (m pl)	anggota juri	[aŋgota dʒʲuri]
tribunal (m) de jurados	pengadilan juri	[peŋadilan dʒʲuri]
juzgar (vt)	mengadili	[məŋadili]
abogado (m)	advokat, pengacara	[advokat], [peŋatʃara]
acusado (m)	terdakwa	[tərdakwa]
banquillo (m) de los acusados	bangku terdakwa	[baŋku tərdakwa]
inculpación (f)	tuduhan	[tuduhan]
inculpado (m)	terdakwa	[tərdakwa]
sentencia (f)	hukuman	[hukuman]
sentenciar (vt)	menjatuhkan hukuman	[məndʒʲatuhkan hukuman]
culpable (m)	bersalah	[bərsalah]
castigar (vt)	menghukum	[məŋhukum]
castigo (m)	hukuman	[hukuman]
multa (f)	denda	[denda]
cadena (f) perpetua	penjara seumur hidup	[pendʒʲara seumur hidup]
pena (f) de muerte	hukuman mati	[hukuman mati]
silla (f) eléctrica	kursi listrik	[kursi listriˀ]
horca (f)	tiang gantungan	[tiaŋ gantuŋan]
ejecutar (vt)	menjalankan hukuman mati	[məndʒʲalankan hukuman mati]
ejecución (f)	hukuman mati	[hukuman mati]
prisión (f)	penjara	[pendʒʲara]
celda (f)	sel	[sel]
escolta (f)	pengawal	[peŋawal]
guardia (m) de prisiones	sipir, penjaga penjara	[sipir], [pendʒʲaga pendʒʲara]
prisionero (m)	tahanan	[tahanan]
esposas (f pl)	borgol	[borgol]
esposar (vt)	memborgol	[memborgol]
escape (m)	pelarian	[pelarian]
escaparse (vr)	melarikan diri	[melarikan diri]
desaparecer (vi)	menghilang	[məŋhilaŋ]

| liberar (vt) | membebaskan | [membebaskan] |
| amnistía (f) | amnesti | [amnesti] |

policía (f) (~ nacional)	polisi, kepolisian	[polisi], [kepolisian]
policía (m)	polisi	[polisi]
comisaría (f) de policía	kantor polisi	[kantor polisi]
porra (f)	pentungan karet	[pentuŋan karet]
megáfono (m)	pengeras suara	[peŋeras suara]

coche (m) patrulla	mobil patroli	[mobil patroli]
sirena (f)	sirene	[sirene]
poner la sirena	membunyikan sirene	[membunjikan sirene]
sonido (m) de sirena	suara sirene	[suara sirene]

escena (f) del delito	tempat kejadian perkara	[tempat kedʒ	adian pərkara]
testigo (m)	saksi	[saksi]
libertad (f)	kebebasan	[kebebasan]
cómplice (m)	kaki tangan	[kaki taŋan]
escapar de …	melarikan diri	[melarikan diri]
rastro (m)	jejak	[dʒ|edʒ|aʔ]

163. La policía. La ley. Unidad 2

búsqueda (f)	pencarian	[pentʃarian]
buscar (~ el criminal)	mencari …	[məntʃari …]
sospecha (f)	kecurigaan	[ketʃuriga'an]
sospechoso (adj)	mencurigakan	[məntʃurigakan]
parar (~ en la calle)	menghentikan	[məŋhentikan]
retener (vt)	menahan	[mənahan]

causa (f) (~ penal)	kasus, perkara	[kasus], [pərkara]
investigación (f)	investigasi, penyidikan	[investigasi], [penjidikan]
detective (m)	detektif	[detektif]
investigador (m)	penyidik	[penjidi']
versión (f)	hipotesis	[hipotesis]

motivo (m)	motif	[motif]
interrogatorio (m)	interogasi	[interogasi]
interrogar (vt)	menginterogasi	[məŋinterogasi]
interrogar (al testigo)	menanyai	[mənanjaj]
control (m) (de vehículos, etc.)	pemeriksaan	[pemeriksa'an]

redada (f)	razia	[razia]
registro (m) (~ de la casa)	penggeledahan	[peŋgeledahan]
persecución (f)	pengejaran, perburuan	[peŋedʒ|aran], [pərburuan]
perseguir (vt)	mengejar	[məŋedʒ|ar]
rastrear (~ al criminal)	melacak	[melatʃa']

arresto (m)	penahanan	[penahanan]
arrestar (vt)	menahan	[mənahan]
capturar (vt)	menangkap	[mənaŋkap]
captura (f)	penangkapan	[penaŋkapan]
documento (m)	dokumen	[dokumen]
prueba (f)	bukti	[bukti]

probar (vt)	membuktikan	[membuktikan]
huella (f) (pisada)	jejak	[dʒˡedʒˡaʔ]
huellas (f pl) digitales	sidik jari	[sidiʔ dʒˡari]
elemento (m) de prueba	barang bukti	[baraŋ bukti]

coartada (f)	alibi	[alibi]
inocente (no culpable)	tidak bersalah	[tidaʔ bərsalah]
injusticia (f)	ketidakadilan	[ketidakadilan]
injusto (adj)	tidak adil	[tidaʔ adil]

criminal (adj)	pidana	[pidana]
confiscar (vt)	menyita	[mənjita]
narcótico (m)	narkoba	[narkoba]
arma (f)	senjata	[sendʒˡata]
desarmar (vt)	melucuti	[melutʃuti]
ordenar (vt)	memerintahkan	[memerintahkan]
desaparecer (vi)	menghilang	[mənhilaŋ]

ley (f)	hukum	[hukum]
legal (adj)	sah	[sah]
ilegal (adj)	tidak sah	[tidaʔ sah]

| responsabilidad (f) | tanggung jawab | [taŋguŋ dʒˡawab] |
| responsable (adj) | bertanggung jawab | [bərtaŋguŋ dʒˡawab] |

LA NATURALEZA

La tierra. Unidad 1

164. El espacio

cosmos (m)	angkasa	[aŋkasa]
espacial, cósmico (adj)	angkasa	[aŋkasa]
espacio (m) cósmico	ruang angkasa	[ruaŋ aŋkasa]
mundo (m)	dunia	[dunia]
universo (m)	jagat raya	[dʒˈagat raja]
galaxia (f)	galaksi	[galaksi]
estrella (f)	bintang	[bintaŋ]
constelación (f)	gugusan bintang	[gugusan bintaŋ]
planeta (m)	planet	[planet]
satélite (m)	satelit	[satelit]
meteorito (m)	meteorit	[meteorit]
cometa (m)	komet	[komet]
asteroide (m)	asteroid	[asteroid]
órbita (f)	orbit	[orbit]
girar (vi)	berputar	[bərputar]
atmósfera (f)	atmosfer	[atmosfer]
Sol (m)	matahari	[matahari]
sistema (m) solar	tata surya	[tata surja]
eclipse (m) de Sol	gerhana matahari	[gerhana matahari]
Tierra (f)	Bumi	[bumi]
Luna (f)	Bulan	[bulan]
Marte (m)	Mars	[mars]
Venus (f)	Venus	[venus]
Júpiter (m)	Yupiter	[yupiter]
Saturno (m)	Saturnus	[saturnus]
Mercurio (m)	Merkurius	[merkurius]
Urano (m)	Uranus	[uranus]
Neptuno (m)	Neptunus	[neptunus]
Plutón (m)	Pluto	[pluto]
la Vía Láctea	Bimasakti	[bimasakti]
la Osa Mayor	Ursa Major	[ursa madʒor]
la Estrella Polar	Bintang Utara	[bintaŋ utara]
marciano (m)	makhluk Mars	[mahlu' mars]
extraterrestre (m)	makhluk ruang angkasa	[mahlu' ruaŋ aŋkasa]

| planetícola (m) | alien, makhluk asing | [alien], [mahlu' asiŋ] |
| platillo (m) volante | piring terbang | [piriŋ tərbaŋ] |

nave (f) espacial	kapal antariksa	[kapal antariksa]
estación (f) orbital	stasiun antariksa	[stasiun antariksa]
despegue (m)	peluncuran	[peluntʃuran]

motor (m)	mesin	[mesin]
tobera (f)	nosel	[nosel]
combustible (m)	bahan bakar	[bahan bakar]

carlinga (f)	kokpit	[kokpit]
antena (f)	antena	[antena]
ventana (f)	jendela	[dʒʲendela]
batería (f) solar	sel surya	[sel surja]
escafandra (f)	pakaian antariksa	[pakajan antariksa]

| ingravidez (f) | keadaan tanpa bobot | [keada'an tanpa bobot] |
| oxígeno (m) | oksigen | [oksigen] |

| atraque (m) | penggabungan | [peŋgabuŋan] |
| realizar el atraque | bergabung | [bərgabuŋ] |

observatorio (m)	observatorium	[observatorium]
telescopio (m)	teleskop	[teleskop]
observar (vt)	mengamati	[məŋamati]
explorar (~ el universo)	mengeksplorasi	[məŋeksplorasi]

165. La tierra

Tierra (f)	Bumi	[bumi]
globo (m) terrestre	bola Bumi	[bola bumi]
planeta (m)	planet	[planet]

atmósfera (f)	atmosfer	[atmosfer]
geografía (f)	geografi	[geografi]
naturaleza (f)	alam	[alam]

globo (m) terráqueo	globe	[globe]
mapa (m)	peta	[peta]
atlas (m)	atlas	[atlas]

| Europa (f) | Eropa | [eropa] |
| Asia (f) | Asia | [asia] |

| África (f) | Afrika | [afrika] |
| Australia (f) | Australia | [australia] |

América (f)	Amerika	[amerika]
América (f) del Norte	Amerika Utara	[amerika utara]
América (f) del Sur	Amerika Selatan	[amerika selatan]

| Antártida (f) | Antartika | [antartika] |
| Ártico (m) | Arktika | [arktika] |

166. Los puntos cardinales

norte (m)	utara	[utara]
al norte	ke utara	[ke utara]
en el norte	di utara	[di utara]
del norte (adj)	utara	[utara]
sur (m)	selatan	[selatan]
al sur	ke selatan	[ke selatan]
en el sur	di selatan	[di selatan]
del sur (adj)	selatan	[selatan]
oeste (m)	barat	[barat]
al oeste	ke barat	[ke barat]
en el oeste	di barat	[di barat]
del oeste (adj)	barat	[barat]
este (m)	timur	[timur]
al este	ke timur	[ke timur]
en el este	di timur	[di timur]
del este (adj)	timur	[timur]

167. El mar. El océano

mar (m)	laut	[laut]
océano (m)	samudra	[samudra]
golfo (m)	teluk	[teluʔ]
estrecho (m)	selat	[selat]
tierra (f) firme	daratan	[daratan]
continente (m)	benua	[benua]
isla (f)	pulau	[pulau]
península (f)	semenanjung, jazirah	[semenandʒʲuŋ], [dʒʲazirah]
archipiélago (m)	kepulauan	[kepulauan]
bahía (f)	teluk	[teluʔ]
ensenada, bahía (f)	pelabuhan	[pelabuhan]
laguna (f)	laguna	[laguna]
cabo (m)	tanjung	[tandʒʲuŋ]
atolón (m)	pulau karang	[pulau karaŋ]
arrecife (m)	terumbu	[terumbu]
coral (m)	karang	[karaŋ]
arrecife (m) de coral	terumbu karang	[terumbu karaŋ]
profundo (adj)	dalam	[dalam]
profundidad (f)	kedalaman	[kedalaman]
abismo (m)	jurang	[dʒʲuraŋ]
fosa (f) oceánica	palung	[paluŋ]
corriente (f)	arus	[arus]
bañar (rodear)	berbatasan dengan	[berbatasan deŋan]

orilla (f)	**pantai**	[pantaj]
costa (f)	**pantai**	[pantaj]
flujo (m)	**air pasang**	[air pasaŋ]
reflujo (m)	**air surut**	[air surut]
banco (m) de arena	**beting**	[betiŋ]
fondo (m)	**dasar**	[dasar]
ola (f)	**gelombang**	[gelombaŋ]
cresta (f) de la ola	**puncak gelombang**	[puntʃa' gelombaŋ]
espuma (f)	**busa, buih**	[busa], [buih]
tempestad (f)	**badai**	[badaj]
huracán (m)	**topan**	[topan]
tsunami (m)	**tsunami**	[tsunami]
bonanza (f)	**angin tenang**	[aŋin tenaŋ]
calmo, tranquilo	**tenang**	[tenaŋ]
polo (m)	**kutub**	[kutub]
polar (adj)	**kutub**	[kutub]
latitud (f)	**lintang**	[lintaŋ]
longitud (f)	**garis bujur**	[garis budʒ'ur]
paralelo (m)	**sejajar**	[sedʒ'adʒ'ar]
ecuador (m)	**khatulistiwa**	[hatulistiwa]
cielo (m)	**langit**	[laŋit]
horizonte (m)	**horizon**	[horizon]
aire (m)	**udara**	[udara]
faro (m)	**mercusuar**	[mertʃusuar]
bucear (vi)	**menyelam**	[meɲelam]
hundirse (vr)	**karam**	[karam]
tesoros (m pl)	**harta karun**	[harta karun]

168. Las montañas

montaña (f)	**gunung**	[gunuŋ]
cadena (f) de montañas	**jajaran gunung**	[dʒ'adʒ'aran gunuŋ]
cresta (f) de montañas	**sisir gunung**	[sisir gunuŋ]
cima (f)	**puncak**	[puntʃa']
pico (m)	**puncak**	[puntʃa']
pie (m)	**kaki**	[kaki]
cuesta (f)	**lereng**	[lereŋ]
volcán (m)	**gunung api**	[gunuŋ api]
volcán (m) activo	**gunung api yang aktif**	[gunuŋ api yaŋ aktif]
volcán (m) apagado	**gunung api yang tidak aktif**	[gunuŋ api yaŋ tida' aktif]
erupción (f)	**erupsi, letusan**	[erupsi], [letusan]
cráter (m)	**kawah**	[kawah]
magma (m)	**magma**	[magma]
lava (f)	**lava, lahar**	[lava], [lahar]

fundido (lava ~a)	pijar	[pidʒʲar]
cañón (m)	kanyon	[kanjon]
desfiladero (m)	jurang	[dʒʲuraŋ]
grieta (f)	celah	[ʧelah]
precipicio (m)	jurang	[dʒʲuraŋ]
puerto (m) (paso)	pass, celah	[pass], [ʧelah]
meseta (f)	plato, dataran tinggi	[plato], [dataran tiŋgi]
roca (f)	tebing	[tebiŋ]
colina (f)	bukit	[bukit]
glaciar (m)	gletser	[gletser]
cascada (f)	air terjun	[air tərdʒʲun]
geiser (m)	geiser	[geyser]
lago (m)	danau	[danau]
llanura (f)	dataran	[dataran]
paisaje (m)	landskap	[landskap]
eco (m)	gema	[gema]
alpinista (m)	pendaki gunung	[pendaki gunuŋ]
escalador (m)	pemanjat tebing	[pemandʒʲat tebiŋ]
conquistar (vt)	menaklukkan	[mənakluʔkan]
ascensión (f)	pendakian	[pendakian]

169. Los ríos

río (m)	sungai	[suŋaj]
manantial (m)	mata air	[mata air]
lecho (m) (curso de agua)	badan sungai	[badan suŋaj]
cuenca (f) fluvial	basin	[basin]
desembocar en …	mengalir ke …	[məŋalir ke …]
afluente (m)	anak sungai	[anaʔ suŋaj]
ribera (f)	tebing sungai	[tebiŋ suŋaj]
corriente (f)	arus	[arus]
río abajo (adv)	ke hilir	[ke hilir]
río arriba (adv)	ke hulu	[ke hulu]
inundación (f)	banjir	[bandʒir]
riada (f)	banjir	[bandʒir]
desbordarse (vr)	membanjiri	[membandʒiri]
inundar (vt)	membanjiri	[membandʒiri]
bajo (m) arenoso	beting	[betiŋ]
rápido (m)	jeram	[dʒʲeram]
presa (f)	dam, bendungan	[dam], [benduŋan]
canal (m)	kanal, terusan	[kanal], [tərusan]
lago (m) artificiale	waduk	[waduʔ]
esclusa (f)	pintu air	[pintu air]
cuerpo (m) de agua	kolam	[kolam]
pantano (m)	rawa	[rawa]

| ciénaga (f) | bencah, paya | [bentʃah], [paja] |
| remolino (m) | pusaran air | [pusaran air] |

arroyo (m)	selokan	[selokan]
potable (adj)	minum	[minum]
dulce (agua ~)	tawar	[tawar]

| hielo (m) | es | [es] |
| helarse (el lago, etc.) | membeku | [membeku] |

170. El bosque

| bosque (m) | hutan | [hutan] |
| de bosque (adj) | hutan | [hutan] |

espesura (f)	hutan lebat	[hutan lebat]
bosquecillo (m)	hutan kecil	[hutan ketʃil]
claro (m)	pembukaan hutan	[pembuka'an hutan]

| maleza (f) | semak belukar | [sema' belukar] |
| matorral (m) | belukar | [belukar] |

| senda (f) | jalan setapak | [dʒʲalan setapa'] |
| barranco (m) | parit | [parit] |

árbol (m)	pohon	[pohon]
hoja (f)	daun	[daun]
follaje (m)	daun-daunan	[daun-daunan]

caída (f) de hojas	daun berguguran	[daun bərguguran]
caer (las hojas)	luruh	[luruh]
cima (f)	puncak	[puntʃa']

rama (f)	cabang	[tʃabaŋ]
rama (f) (gruesa)	dahan	[dahan]
brote (m)	tunas	[tunas]
aguja (f)	daun jarum	[daun dʒʲarum]
piña (f)	buah pinus	[buah pinus]

| agujero (m) | lubang pohon | [lubaŋ pohon] |
| nido (m) | sarang | [saraŋ] |

tronco (m)	batang	[bataŋ]
raíz (f)	akar	[akar]
corteza (f)	kulit	[kulit]
musgo (m)	lumut	[lumut]

extirpar (vt)	mencabut	[məntʃabut]
talar (vt)	menebang	[mənebaŋ]
deforestar (vt)	deforestasi, penggundulan hutan	[deforestasi, peŋgundulan hutan]

tocón (m)	tunggul	[tuŋgul]
hoguera (f)	api unggun	[api uŋgun]
incendio (m) forestal	kebakaran hutan	[kebakaran hutan]

apagar (~ el incendio)	memadamkan	[memadamkan]
guarda (m) forestal	penjaga hutan	[pendʒ'aga hutan]
protección (f)	perlindungan	[pərlinduŋan]
proteger (vt)	melindungi	[melinduŋi]
cazador (m) furtivo	pemburu ilegal	[pemburu ilegal]
cepo (m)	perangkap	[pəraŋkap]
recoger (setas, bayas)	memetik	[memeti']
perderse (vr)	tersesat	[tərsesat]

171. Los recursos naturales

recursos (m pl) naturales	sumber daya alam	[sumber daja alam]
recursos (m pl) subterráneos	bahan tambang	[bahan tambaŋ]
depósitos (m pl)	endapan	[endapan]
yacimiento (m)	ladang	[ladaŋ]
extraer (vt)	menambang	[mənambaŋ]
extracción (f)	pertambangan	[pərtambaŋan]
mena (f)	bijih	[bidʒih]
mina (f)	tambang	[tambaŋ]
pozo (m) de mina	sumur tambang	[sumur tambaŋ]
minero (m)	penambang	[penambaŋ]
gas (m)	gas	[gas]
gasoducto (m)	pipa saluran gas	[pipa saluran gas]
petróleo (m)	petroleum, minyak	[petroleum], [minja']
oleoducto (m)	pipa saluran minyak	[pipa saluran minja']
pozo (m) de petróleo	sumur minyak	[sumur minja']
torre (f) de sondeo	menara bor minyak	[mənara bor minja']
petrolero (m)	kapal tangki	[kapal taŋki]
arena (f)	pasir	[pasir]
caliza (f)	batu kapur	[batu kapur]
grava (f)	kerikil	[kerikil]
turba (f)	gambut	[gambut]
arcilla (f)	tanah liat	[tanah liat]
carbón (m)	arang	[araŋ]
hierro (m)	besi	[besi]
oro (m)	emas	[emas]
plata (f)	perak	[pera']
níquel (m)	nikel	[nikel]
cobre (m)	tembaga	[tembaga]
zinc (m)	seng	[seŋ]
manganeso (m)	mangan	[maŋan]
mercurio (m)	air raksa	[air raksa]
plomo (m)	timbal	[timbal]
mineral (m)	mineral	[mineral]
cristal (m)	kristal, hablur	[kristal], [hablur]
mármol (m)	marmer	[marmer]
uranio (m)	uranium	[uranium]

La tierra. Unidad 2

172. El tiempo

tiempo (m)	cuaca	[ʧuaʧa]
previsión (f) del tiempo	prakiraan cuaca	[prakira'an ʧuaʧa]
temperatura (f)	temperatur, suhu	[temperatur], [suhu]
termómetro (m)	termometer	[tərmometər]
barómetro (m)	barometer	[barometer]
húmedo (adj)	lembap	[lembap]
humedad (f)	kelembapan	[kelembapan]
bochorno (m)	panas, gerah	[panas], [gerah]
tórrido (adj)	panas terik	[panas təri']
hace mucho calor	panas	[panas]
hace calor (templado)	hangat	[haŋat]
templado (adj)	hangat	[haŋat]
hace frío	dingin	[diŋin]
frío (adj)	dingin	[diŋin]
sol (m)	matahari	[matahari]
brillar (vi)	bersinar	[bərsinar]
soleado (un día ~)	cerah	[ʧerah]
elevarse (el sol)	terbit	[terbit]
ponerse (vr)	terbenam	[tərbenam]
nube (f)	awan	[awan]
nuboso (adj)	berawan	[bərawan]
nubarrón (m)	awan mendung	[awan menduŋ]
nublado (adj)	mendung	[menduŋ]
lluvia (f)	hujan	[huʤan]
está lloviendo	hujan turun	[huʤan turun]
lluvioso (adj)	hujan	[huʤan]
lloviznar (vi)	gerimis	[gerimis]
aguacero (m)	hujan lebat	[huʤan lebat]
chaparrón (m)	hujan lebat	[huʤan lebat]
fuerte (la lluvia ~)	lebat	[lebat]
charco (m)	kubangan	[kubaŋan]
mojarse (vr)	kehujanan	[kehuʤanan]
niebla (f)	kabut	[kabut]
nebuloso (adj)	berkabut	[bərkabut]
nieve (f)	salju	[salʤu]
está nevando	turun salju	[turun salʤu]

173. Los eventos climáticos severos. Los desastres naturales

tormenta (f)	hujan badai	[hudʒ¹an badaj]
relámpago (m)	kilat	[kilat]
relampaguear (vi)	berkilau	[bərkilau]
trueno (m)	petir	[petir]
tronar (vi)	bergemuruh	[bərgemuruh]
está tronando	bergemuruh	[bərgemuruh]
granizo (m)	hujan es	[hudʒ¹an es]
está granizando	hujan es	[hudʒ¹an es]
inundar (vt)	membanjiri	[membandʒiri]
inundación (f)	banjir	[bandʒir]
terremoto (m)	gempa bumi	[gempa bumi]
sacudida (f)	gempa	[gempa]
epicentro (m)	episentrum	[episentrum]
erupción (f)	erupsi, letusan	[erupsi], [letusan]
lava (f)	lava, lahar	[lava], [lahar]
torbellino (m)	puting beliung	[putiŋ beliuŋ]
tornado (m)	tornado	[tornado]
tifón (m)	topan	[topan]
huracán (m)	topan	[topan]
tempestad (f)	badai	[badaj]
tsunami (m)	tsunami	[tsunami]
ciclón (m)	siklon	[siklon]
mal tiempo (m)	cuaca buruk	[tʃuatʃa buru?]
incendio (m)	kebakaran	[kebakaran]
catástrofe (f)	bencana	[bentʃana]
meteorito (m)	meteorit	[meteorit]
avalancha (f)	longsor	[loŋsor]
alud (m) de nieve	salju longsor	[saldʒ¹u loŋsor]
ventisca (f)	badai salju	[badaj saldʒ¹u]
nevasca (f)	badai salju	[badaj saldʒ¹u]

La fauna

Los mamíferos. Los predadores

carnívoro (m)	predator, pemangsa	[predator], [pemaŋsa]
tigre (m)	harimau	[harimau]
león (m)	singa	[siŋa]
lobo (m)	serigala	[serigala]
zorro (m)	rubah	[rubah]
jaguar (m)	jaguar	[dʒⁱaguar]
leopardo (m)	leopard, macan tutul	[leopard], [matʃan tutul]
guepardo (m)	cheetah	[tʃeetah]
pantera (f)	harimau kumbang	[harimau kumbaŋ]
puma (f)	singa gunung	[siŋa gunuŋ]
leopardo (m) de las nieves	harimau bintang salju	[harimau bintaŋ saldʒⁱu]
lince (m)	lynx	[links]
coyote (m)	koyote	[koyot]
chacal (m)	jakal	[dʒⁱakal]
hiena (f)	hiena	[hiena]

175. Los animales salvajes

animal (m)	binatang	[binataŋ]
bestia (f)	binatang buas	[binataŋ buas]
ardilla (f)	bajing	[badʒiŋ]
erizo (m)	landak susu	[landaʼ susu]
liebre (f)	terwelu	[tərwelu]
conejo (m)	kelinci	[kelintʃi]
tejón (m)	luak	[luaʼ]
mapache (m)	rakun	[rakun]
hámster (m)	hamster	[hamster]
marmota (f)	marmut	[marmut]
topo (m)	tikus mondok	[tikus mondoʼ]
ratón (m)	tikus	[tikus]
rata (f)	tikus besar	[tikus besar]
murciélago (m)	kelelawar	[kelelawar]
armiño (m)	ermin	[ermin]
cebellina (f)	sabel	[sabel]
marta (f)	marten	[marten]
comadreja (f)	musang	[musaŋ]
visón (m)	cerpelai	[tʃerpelaj]

| castor (m) | beaver | [beaver] |
| nutria (f) | berang-berang | [bəraŋ-bəraŋ] |

caballo (m)	kuda	[kuda]
alce (m)	rusa besar	[rusa besar]
ciervo (m)	rusa	[rusa]
camello (m)	unta	[unta]

bisonte (m)	bison	[bison]
uro (m)	aurochs	[oroks]
búfalo (m)	kerbau	[kerbau]

cebra (f)	kuda belang	[kuda belaŋ]
antílope (m)	antelop	[antelop]
corzo (m)	kijang	[kidʒʲaŋ]
gamo (m)	rusa	[rusa]
gamuza (f)	chamois	[ʃemva]
jabalí (m)	babi hutan jantan	[babi hutan dʒʲantan]

ballena (f)	ikan paus	[ikan paus]
foca (f)	anjing laut	[andʒiŋ laut]
morsa (f)	walrus	[walrus]
oso (m) marino	anjing laut berbulu	[andʒiŋ laut bərbulu]
delfín (m)	lumba-lumba	[lumba-lumba]

oso (m)	beruang	[bəruaŋ]
oso (m) blanco	beruang kutub	[bəruaŋ kutub]
panda (f)	panda	[panda]

mono (m)	monyet	[monjet]
chimpancé (m)	simpanse	[simpanse]
orangután (m)	orang utan	[oraŋ utan]
gorila (m)	gorila	[gorila]
macaco (m)	kera	[kera]
gibón (m)	siamang, ungka	[siamaŋ], [uŋka]

elefante (m)	gajah	[gadʒʲah]
rinoceronte (m)	badak	[badaʔ]
jirafa (f)	jerapah	[dʒʲerapah]
hipopótamo (m)	kuda nil	[kuda nil]

| canguro (m) | kanguru | [kaŋuru] |
| koala (f) | koala | [koala] |

mangosta (f)	garangan	[garaŋan]
chinchilla (f)	chinchilla	[tʃintʃilla]
mofeta (f)	sigung	[siguŋ]
espín (m)	landak	[landaʔ]

176. Los animales domésticos

gata (f)	kucing betina	[kutʃiŋ betina]
gato (m)	kucing jantan	[kutʃiŋ dʒʲantan]
perro (m)	anjing	[andʒiŋ]

caballo (m)	kuda	[kuda]
garañón (m)	kuda jantan	[kuda dʒʲantan]
yegua (f)	kuda betina	[kuda betina]

vaca (f)	sapi	[sapi]
toro (m)	sapi jantan	[sapi dʒʲantan]
buey (m)	lembu jantan	[lembu dʒʲantan]

oveja (f)	domba	[domba]
carnero (m)	domba jantan	[domba dʒʲantan]
cabra (f)	kambing betina	[kambiŋ betina]
cabrón (m)	kambing jantan	[kambiŋ dʒʲantan]

| asno (m) | keledai | [keledaj] |
| mulo (m) | bagal | [bagal] |

cerdo (m)	babi	[babi]
cerdito (m)	anak babi	[ana' babi]
conejo (m)	kelinci	[kelintʃi]

| gallina (f) | ayam betina | [ajam betina] |
| gallo (m) | ayam jago | [ajam dʒʲago] |

pato (m)	bebek	[bebe']
ánade (m)	bebek jantan	[bebe' dʒʲantan]
ganso (m)	angsa	[aŋsa]

| pavo (m) | kalkun jantan | [kalkun dʒʲantan] |
| pava (f) | kalkun betina | [kalkun betina] |

animales (m pl) domésticos	binatang piaraan	[binataŋ piara'an]
domesticado (adj)	jinak	[dʒina']
domesticar (vt)	menjinakkan	[mǝndʒina'kan]
criar (vt)	membiakkan	[membia'kan]

granja (f)	peternakan	[peternakan]
aves (f pl) de corral	unggas	[uŋgas]
ganado (m)	ternak	[terna']
rebaño (m)	kawanan	[kawanan]

caballeriza (f)	kandang kuda	[kandaŋ kuda]
porqueriza (f)	kandang babi	[kandaŋ babi]
vaquería (f)	kandang sapi	[kandaŋ sapi]
conejal (m)	sangkar kelinci	[saŋkar kelintʃi]
gallinero (m)	kandang ayam	[kandaŋ ajam]

177. Los perros. Las razas de perros

perro (m)	anjing	[andʒiŋ]
perro (m) pastor	anjing gembala	[andʒiŋ gembala]
pastor (m) alemán	anjing gembala jerman	[andʒiŋ gembala dʒʲerman]
caniche (m)	pudel	[pudel]
teckel (m)	anjing tekel	[andʒiŋ tekel]
bulldog (m)	buldog	[buldog]

bóxer (m)	boxer	[bokser]
mastín (m) inglés	Mastiff	[mastiff]
rottweiler (m)	Rottweiler	[rotweyler]
doberman (m)	Doberman	[doberman]
basset hound (m)	Basset	[basset]
bobtail (m)	bobtail	[bobteyl]
dálmata (m)	Dalmatian	[dalmatian]
cocker spaniel (m)	Cocker Spaniel	[koker spaniel]
terranova (m)	Newfoundland	[njufaundland]
san bernardo (m)	Saint Bernard	[sen bərnar]
husky (m)	Husky	[haski]
chow chow (m)	Chow Chow	[tʃau tʃau]
pomerania (m)	Spitz	[spits]
pug (m), carlino (m)	Pug	[pag]

178. Los sonidos de los animales

ladrido (m)	salak	[sala]
ladrar (vi)	menyalak	[mənjala]
maullar (vi)	mengeong	[məŋeoŋ]
ronronear (vi)	mendengkur	[məndeŋkur]
mugir (vi)	melenguh	[meleŋuh]
bramar (toro)	menguak	[meŋua]
rugir (vi)	menggeram	[məŋgeram]
aullido (m)	auman	[auman]
aullar (vi)	mengaum	[məŋaum]
gañir (vi)	merengek	[mereŋe]
balar (vi)	mengembik	[məŋembi]
gruñir (cerdo)	menguik	[məŋui]
chillar (vi)	memekik	[memeki]
croar (vi)	berdengkang	[bərdeŋkaŋ]
zumbar (vi)	mendengung	[məndeŋuŋ]
chirriar (vi)	mencicit	[məntʃitʃit]

179. Los pájaros

pájaro (m)	burung	[buruŋ]
paloma (f)	burung dara	[buruŋ dara]
gorrión (m)	burung gereja	[buruŋ geredʒ|a]
carbonero (m)	burung tit	[buruŋ tit]
urraca (f)	burung murai	[buruŋ muraj]
cuervo (m)	burung raven	[buruŋ raven]
corneja (f)	burung gagak	[buruŋ gaga]
chova (f)	burung gagak kecil	[buruŋ gaga ketʃil]

grajo (m)	burung rook	[buruŋ rooʔ]
pato (m)	bebek	[bebeʔ]
ganso (m)	angsa	[aŋsa]
faisán (m)	burung kuau	[buruŋ kuau]
águila (f)	rajawali	[radʒ¹awali]
azor (m)	elang	[elaŋ]
halcón (m)	alap-alap	[alap-alap]
buitre (m)	hering	[heriŋ]
cóndor (m)	kondor	[kondor]
cisne (m)	angsa	[aŋsa]
grulla (f)	burung jenjang	[buruŋ dʒ¹endʒ¹aŋ]
cigüeña (f)	bangau	[baŋau]
loro (m), papagayo (m)	burung nuri	[buruŋ nuri]
colibrí (m)	burung kolibri	[buruŋ kolibri]
pavo (m) real	burung merak	[buruŋ meraʔ]
avestruz (m)	burung unta	[buruŋ unta]
garza (f)	kuntul	[kuntul]
flamenco (m)	burung flamingo	[buruŋ flamiŋo]
pelícano (m)	pelikan	[pelikan]
ruiseñor (m)	burung bulbul	[buruŋ bulbul]
golondrina (f)	burung walet	[buruŋ walet]
tordo (m)	burung jalak	[buruŋ dʒ¹alaʔ]
zorzal (m)	burung jalak suren	[buruŋ dʒ¹alaʔ suren]
mirlo (m)	burung jalak hitam	[buruŋ dʒ¹alaʔ hitam]
vencejo (m)	burung apus-apus	[buruŋ apus-apus]
alondra (f)	burung lark	[buruŋ larʔ]
codorniz (f)	burung puyuh	[buruŋ puyuh]
pájaro carpintero (m)	burung pelatuk	[buruŋ pelatuʔ]
cuco (m)	burung kukuk	[buruŋ kukuʔ]
lechuza (f)	burung hantu	[buruŋ hantu]
búho (m)	burung hantu bertanduk	[buruŋ hantu bertanduʔ]
urogallo (m)	burung murai kayu	[buruŋ muraj kaju]
gallo lira (m)	burung belibis hitam	[buruŋ belibis hitam]
perdiz (f)	ayam hutan	[ajam hutan]
estornino (m)	burung starling	[buruŋ starliŋ]
canario (m)	burung kenari	[buruŋ kenari]
ortega (f)	ayam hutan hazel	[ajam hutan hazel]
pinzón (m)	burung chaffinch	[buruŋ tʃaffintʃ]
camachuelo (m)	burung bullfinch	[buruŋ bullfintʃ]
gaviota (f)	burung camar	[buruŋ tʃamar]
albatros (m)	albatros	[albatros]
pingüino (m)	penguin	[peŋuin]

180. Los pájaros. El canto y los sonidos

cantar (vi)	menyanyi	[mənjanji]
gritar, llamar (vi)	berteriak	[bərteria']
cantar (el gallo)	berkokok	[bərkoko']
quiquiriquí (m)	kukuruyuk	[kukuruyu']
cloquear (vi)	berkotek	[bərkote']
graznar (vi)	berkaok-kaok	[berkao'-kao']
graznar, parpar (vi)	meleter	[meleter]
piar (vi)	berdecit	[bərdetʃit]
gorjear (vi)	berkicau	[bərkitʃau]

181. Los peces. Los animales marinos

brema (f)	ikan bream	[ikan bream]
carpa (f)	ikan karper	[ikan karper]
perca (f)	ikan tilapia	[ikan tilapia]
siluro (m)	lais junggang	[lajs ʤˈuŋgaŋ]
lucio (m)	ikan pike	[ikan paik]
salmón (m)	salmon	[salmon]
esturión (m)	ikan sturgeon	[ikan sturʤˈen]
arenque (m)	ikan haring	[ikan hariŋ]
salmón (m) del Atlántico	ikan salem	[ikan salem]
caballa (f)	ikan kembung	[ikan kembuŋ]
lenguado (m)	ikan sebelah	[ikan sebelah]
lucioperca (f)	ikan seligi tenggeran	[ikan seligi teŋgeran]
bacalao (m)	ikan kod	[ikan kod]
atún (m)	tuna	[tuna]
trucha (f)	ikan forel	[ikan forel]
anguila (f)	belut	[belut]
raya (f) eléctrica	ikan pari listrik	[ikan pari listri']
morena (f)	belut moray	[belut morey]
piraña (f)	ikan piranha	[ikan piranha]
tiburón (m)	ikan hiu	[ikan hiu]
delfín (m)	lumba-lumba	[lumba-lumba]
ballena (f)	ikan paus	[ikan paus]
centolla (f)	kepiting	[kepitiŋ]
medusa (f)	ubur-ubur	[ubur-ubur]
pulpo (m)	gurita	[gurita]
estrella (f) de mar	bintang laut	[bintaŋ laut]
erizo (m) de mar	landak laut	[landa' laut]
caballito (m) de mar	kuda laut	[kuda laut]
ostra (f)	tiram	[tiram]
camarón (m)	udang	[udaŋ]

| bogavante (m) | udang karang | [udaŋ karaŋ] |
| langosta (f) | lobster berduri | [lobster bərduri] |

182. Los anfibios. Los reptiles

| serpiente (f) | ular | [ular] |
| venenoso (adj) | berbisa | [bərbisa] |

víbora (f)	ular viper	[ular viper]
cobra (f)	kobra	[kobra]
pitón (m)	ular sanca	[ular santʃa]
boa (f)	ular boa	[ular boa]

culebra (f)	ular tanah	[ular tanah]
serpiente (m) de cascabel	ular derik	[ular deriʔ]
anaconda (f)	ular anakonda	[ular anakonda]

lagarto (m)	kadal	[kadal]
iguana (f)	iguana	[iguana]
varano (m)	biawak	[biawaʔ]
salamandra (f)	salamander	[salamander]
camaleón (m)	bunglon	[buŋlon]
escorpión (m)	kalajengking	[kaladʒⁱeŋkiŋ]

tortuga (f)	kura-kura	[kura-kura]
rana (f)	katak	[kataʔ]
sapo (m)	kodok	[kodoʔ]
cocodrilo (m)	buaya	[buaja]

183. Los insectos

insecto (m)	serangga	[seraŋga]
mariposa (f)	kupu-kupu	[kupu-kupu]
hormiga (f)	semut	[semut]
mosca (f)	lalat	[lalat]
mosquito (m) (picadura de ~)	nyamuk	[njamuʔ]
escarabajo (m)	kumbang	[kumbaŋ]

avispa (f)	tawon	[tawon]
abeja (f)	lebah	[lebah]
abejorro (m)	kumbang	[kumbaŋ]
moscardón (m)	lalat kerbau	[lalat kerbau]

| araña (f) | laba-laba | [laba-laba] |
| telaraña (f) | sarang laba-laba | [saraŋ laba-laba] |

libélula (f)	capung	[tʃapuŋ]
saltamontes (m)	belalang	[belalaŋ]
mariposa (f) nocturna	ngengat	[ŋeŋat]

| cucaracha (f) | kecoa | [ketʃoa] |
| garrapata (f) | kutu | [kutu] |

| pulga (f) | kutu loncat | [kutu lontʃat] |
| mosca (f) negra | agas | [agas] |

langosta (f)	belalang	[belalaŋ]
caracol (m)	siput	[siput]
grillo (m)	jangkrik	[dʒˈaŋkriʔ]
luciérnaga (f)	kunang-kunang	[kunaŋ-kunaŋ]
mariquita (f)	kumbang koksi	[kumbaŋ koksi]
sanjuanero (m)	kumbang Cockchafer	[kumbaŋ kokʃafer]

sanguijuela (f)	lintah	[lintah]
oruga (f)	ulat	[ulat]
lombriz (m) de tierra	cacing	[tʃatʃiŋ]
larva (f)	larva	[larva]

184. Los animales. Las partes del cuerpo

pico (m)	paruh	[paruh]
alas (f pl)	sayap	[sajap]
pata (f)	kaki	[kaki]
plumaje (m)	bulu-bulu	[bulu-bulu]
pluma (f)	bulu	[bulu]
penacho (m)	jambul	[dʒˈambul]

branquias (f pl)	insang	[insaŋ]
huevas (f pl)	telur ikan	[telur ikan]
larva (f)	larva	[larva]
aleta (f)	sirip	[sirip]
escamas (f pl)	sisik	[sisiʔ]

colmillo (m)	taring	[tariŋ]
garra (f), pata (f)	kaki	[kaki]
hocico (m)	moncong	[montʃoŋ]
boca (f)	mulut	[mulut]
cola (f)	ekor	[ekor]
bigotes (m pl)	kumis	[kumis]

| casco (m) (pezuña) | tapak, kuku | [tapak], [kuku] |
| cuerno (m) | tanduk | [tanduʔ] |

caparazón (m)	cangkang	[tʃaŋkaŋ]
concha (f) (de moluscos)	kerang	[keraŋ]
cáscara (f) (de huevo)	kulit telur	[kulit telur]

| pelo (m) (de perro) | bulu | [bulu] |
| piel (f) (de vaca, etc.) | kulit | [kulit] |

185. Los animales. El hábitat

hábitat (m)	habitat	[habitat]
migración (f)	migrasi	[migrasi]
montaña (f)	gunung	[gunuŋ]

| arrecife (m) | terumbu | [tərumbu] |
| roca (f) | tebing | [tebiŋ] |

bosque (m)	hutan	[hutan]
jungla (f)	rimba	[rimba]
sabana (f)	sabana	[sabana]
tundra (f)	tundra	[tundra]

estepa (f)	stepa	[stepa]
desierto (m)	gurun	[gurun]
oasis (m)	oasis, oase	[oasis], [oase]

mar (m)	laut	[laut]
lago (m)	danau	[danau]
océano (m)	samudra	[samudra]

pantano (m)	rawa	[rawa]
de agua dulce (adj)	air tawar	[air tawar]
estanque (m)	kolam	[kolam]
río (m)	sungai	[suŋaj]

cubil (m)	goa	[goa]
nido (m)	sarang	[saraŋ]
agujero (m)	lubang pohon	[lubaŋ pohon]
madriguera (f)	lubang	[lubaŋ]
hormiguero (m)	sarang semut	[saraŋ semut]

La flora

árbol (m)	pohon	[pohon]
foliáceo (adj)	daun luruh	[daun luruh]
conífero (adj)	pohon jarum	[pohon dʒɪarum]
de hoja perenne	selalu hijau	[selalu hidʒɪau]

manzano (m)	pohon apel	[pohon apel]
peral (m)	pohon pir	[pohon pir]
cerezo (m)	pohon ceri manis	[pohon tʃeri manis]
guindo (m)	pohon ceri asam	[pohon tʃeri asam]
ciruelo (m)	pohon plum	[pohon plum]

abedul (m)	pohon berk	[pohon bərˀ]
roble (m)	pohon eik	[pohon eiˀ]
tilo (m)	pohon linden	[pohon linden]
pobo (m)	pohon aspen	[pohon aspen]
arce (m)	pohon mapel	[pohon mapel]
pícea (f)	pohon den	[pohon den]
pino (m)	pohon pinus	[pohon pinus]
alerce (m)	pohon larch	[pohon lartʃ]
abeto (m)	pohon fir	[pohon fir]
cedro (m)	pohon aras	[pohon aras]

álamo (m)	pohon poplar	[pohon poplar]
serbal (m)	pohon rowan	[pohon rowan]
sauce (m)	pohon dedalu	[pohon dedalu]
aliso (m)	pohon alder	[pohon alder]
haya (f)	pohon nothofagus	[pohon notofagus]
olmo (m)	pohon elm	[pohon elm]
fresno (m)	pohon abu	[pohon abu]
castaño (m)	kastanye	[kastanje]

magnolia (f)	magnolia	[magnolia]
palmera (f)	palem	[palem]
ciprés (m)	pokok cipres	[pokoˀ sipres]

mangle (m)	bakau	[bakau]
baobab (m)	baobab	[baobab]
eucalipto (m)	kayu putih	[kaju putih]
secoya (f)	sequoia	[sekuoia]

| mata (f) | rumpun | [rumpun] |
| arbusto (m) | semak | [semaˀ] |

vid (f)	pohon anggur	[pohon aŋgur]
viñedo (m)	kebun anggur	[kebun aŋgur]
frambueso (m)	pohon frambus	[pohon frambus]
grosellero (m) negro	pohon blackcurrant	[pohon ble'karen]
grosellero (m) rojo	pohon redcurrant	[pohon redkaren]
grosellero (m) espinoso	pohon arbei hijau	[pohon arbei hidʒiau]
acacia (f)	pohon akasia	[pohon akasia]
berberís (m)	pohon barberis	[pohon barberis]
jazmín (m)	melati	[melati]
enebro (m)	pohon juniper	[pohon dʒiuniper]
rosal (m)	pohon mawar	[pohon mawar]
escaramujo (m)	pohon mawar liar	[pohon mawar liar]

188. Los hongos

seta (f)	jamur	[dʒiamur]
seta (f) comestible	jamur makanan	[dʒiamur makanan]
seta (f) venenosa	jamur beracun	[dʒiamur bəratʃun]
sombrerete (m)	kepala jamur	[kepala dʒiamur]
estipe (m)	batang jamur	[bataŋ dʒiamur]
seta calabaza (f)	jamur boletus	[dʒiamur boletus]
boleto (m) castaño	jamur topi jingga	[dʒiamur topi dʒiŋga]
boleto (m) áspero	jamur boletus berk	[dʒiamur boletus bər']
rebozuelo (m)	jamur chanterelle	[dʒiamur tʃanterelle]
rúsula (f)	jamur rusula	[dʒiamur rusula]
colmenilla (f)	jamur morel	[dʒiamur morel]
matamoscas (m)	jamur Amanita muscaria	[dʒiamur amanita mustʃaria]
oronja (f) verde	jamur topi kematian	[dʒiamur topi kematian]

189. Las frutas. Las bayas

fruto (m)	buah	[buah]
frutos (m pl)	buah-buahan	[buah-buahan]
manzana (f)	apel	[apel]
pera (f)	pir	[pir]
ciruela (f)	plum	[plum]
fresa (f)	stroberi	[stroberi]
guinda (f)	buah ceri asam	[buah tʃeri asam]
cereza (f)	buah ceri manis	[buah tʃeri manis]
uva (f)	buah anggur	[buah aŋgur]
frambuesa (f)	buah frambus	[buah frambus]
grosella (f) negra	blackcurrant	[ble'karen]
grosella (f) roja	redcurrant	[redkaren]
grosella (f) espinosa	buah arbei hijau	[buah arbei hidʒiau]

arándano (m) agrio	buah kranberi	[buah kranberi]
naranja (f)	jeruk manis	[dʒʲeruʼ manis]
mandarina (f)	jeruk mandarin	[dʒʲeruʼ mandarin]
piña (f)	nanas	[nanas]
banana (f)	pisang	[pisaŋ]
dátil (m)	buah kurma	[buah kurma]
limón (m)	jeruk sitrun	[dʒʲeruʼ sitrun]
albaricoque (m)	aprikot	[aprikot]
melocotón (m)	persik	[persiʼ]
kiwi (m)	kiwi	[kiwi]
toronja (f)	jeruk Bali	[dʒʲeruʼ bali]
baya (f)	buah beri	[buah bəri]
bayas (f pl)	buah-buah beri	[buah-buah bəri]
arándano (m) rojo	buah cowberry	[buah kowberi]
fresa (f) silvestre	stroberi liar	[stroberi liar]
arándano (m)	buah bilberi	[buah bilberi]

190. Las flores. Las plantas

flor (f)	bunga	[buŋa]
ramo (m) de flores	buket	[buket]
rosa (f)	mawar	[mawar]
tulipán (m)	tulip	[tulip]
clavel (m)	bunga anyelir	[buŋa anjelir]
gladiolo (m)	bunga gladiol	[buŋa gladiol]
aciano (m)	cornflower	[kornflawa]
campanilla (f)	bunga lonceng biru	[buŋa lontʃeŋ biru]
diente (m) de león	dandelion	[dandelion]
manzanilla (f)	bunga margrit	[buŋa margrit]
áloe (m)	lidah buaya	[lidah buaja]
cacto (m)	kaktus	[kaktus]
ficus (m)	pohon ara	[pohon ara]
azucena (f)	bunga lili	[buŋa lili]
geranio (m)	geranium	[geranium]
jacinto (m)	bunga bakung lembayung	[buŋa bakuŋ lembajuŋ]
mimosa (f)	putri malu	[putri malu]
narciso (m)	bunga narsis	[buŋa narsis]
capuchina (f)	bunga nasturtium	[buŋa nasturtium]
orquídea (f)	anggrek	[aŋgreʼ]
peonía (f)	bunga peoni	[buŋa peoni]
violeta (f)	bunga violet	[buŋa violet]
trinitaria (f)	bunga pansy	[buŋa pansi]
nomeolvides (f)	bunga jangan-lupakan-daku	[buŋa dʒʲaŋan-lupakan-daku]
margarita (f)	bunga desi	[buŋa desi]

amapola (f)	bunga madat	[buŋa madat]
cáñamo (m)	rami	[rami]
menta (f)	mint	[min]

| muguete (m) | lili lembah | [lili lembah] |
| campanilla (f) de las nieves | bunga tetesan salju | [buŋa tetesan saldʒiu] |

ortiga (f)	jelatang	[dʒielataŋ]
acedera (f)	daun sorrel	[daun sorrel]
nenúfar (m)	lili air	[lili air]
helecho (m)	pakis	[pakis]
liquen (m)	lichen	[litʃen]

invernadero (m) tropical	rumah kaca	[rumah katʃa]
césped (m)	halaman berumput	[halaman bərumput]
macizo (m) de flores	bedeng bunga	[bedeŋ buŋa]

planta (f)	tumbuhan	[tumbuhan]
hierba (f)	rumput	[rumput]
hoja (f) de hierba	sehelai rumput	[sehelaj rumput]

hoja (f)	daun	[daun]
pétalo (m)	kelopak	[kelopaʔ]
tallo (m)	batang	[bataŋ]
tubérculo (m)	ubi	[ubi]

| retoño (m) | tunas | [tunas] |
| espina (f) | duri | [duri] |

florecer (vi)	berbunga	[bərbuŋa]
marchitarse (vr)	layu	[laju]
olor (m)	bau	[bau]
cortar (vt)	memotong	[memotoŋ]
coger (una flor)	memetik	[memetiʔ]

191. Los cereales, los granos

grano (m)	biji-bijian	[bidʒi-bidʒian]
cereales (m pl) (plantas)	padi-padian	[padi-padian]
espiga (f)	bulir	[bulir]

trigo (m)	gandum	[gandum]
centeno (m)	gandum hitam	[gandum hitam]
avena (f)	oat	[oat]
mijo (m)	jawawut	[dʒiawawut]
cebada (f)	jelai	[dʒielaj]

maíz (m)	jagung	[dʒiaguŋ]
arroz (m)	beras	[beras]
alforfón (m)	buckwheat	[bakvit]

guisante (m)	kacang polong	[katʃaŋ poloŋ]
fréjol (m)	kacang buncis	[katʃaŋ buntʃis]
soya (f)	kacang kedelai	[katʃaŋ kedelaj]

| lenteja (f) | kacang lentil | [katʃaŋ lentil] |
| habas (f pl) | kacang-kacangan | [katʃaŋ-katʃaŋan] |

GEOGRAFÍA REGIONAL

política (f)	politik	[politiʔ]
político (adj)	politis	[politis]
político (m)	politisi, politikus	[politisi], [politikus]
estado (m)	negara	[negara]
ciudadano (m)	warganegara	[warganegara]
ciudadanía (f)	kewarganegaraan	[kewarganegaraʔan]
escudo (m) nacional	lambang negara	[lambaŋ negara]
himno (m) nacional	lagu kebangsaan	[lagu kebaŋsaʔan]
gobierno (m)	pemerintah	[pemerintah]
jefe (m) de estado	kepala negara	[kepala negara]
parlamento (m)	parlemen	[parlemen]
partido (m)	partai	[partaj]
capitalismo (m)	kapitalisme	[kapitalisme]
capitalista (adj)	kapitalis	[kapitalis]
socialismo (m)	sosialisme	[sosialisme]
socialista (adj)	sosialis	[sosialis]
comunismo (m)	komunisme	[komunisme]
comunista (adj)	komunis	[komunis]
comunista (m)	orang komunis	[oraŋ komunis]
democracia (f)	demokrasi	[demokrasi]
demócrata (m)	demokrat	[demokrat]
democrático (adj)	demokratis	[demokratis]
Partido (m) Democrático	Partai Demokrasi	[partaj demokrasi]
liberal (m)	orang liberal	[oraŋ liberal]
liberal (adj)	liberal	[liberal]
conservador (m)	orang yang konservatif	[oraŋ yaŋ konservatif]
conservador (adj)	konservatif	[konservatif]
república (f)	republik	[republiʔ]
republicano (m)	pendukung Partai Republik	[pendukuŋ partaj republiʔ]
Partido (m) Republicano	Partai Republik	[partaj republiʔ]
elecciones (f pl)	pemilu	[pemilu]
elegir (vi)	memilih	[memilih]
elector (m)	pemilih	[pemilih]
campaña (f) electoral	kampanye pemilu	[kampane pemilu]
votación (f)	pemungutan suara	[pemuŋutan suara]
votar (vi)	memberikan suara	[memberikan suara]

derecho (m) a voto	hak suara	[ha' suara]
candidato (m)	kandidat, calon	[kandidat], [tʃalon]
presentarse como candidato	mencalonkan diri	[məntʃalonkan diri]
campaña (f)	kampanye	[kampanje]

| de oposición (adj) | oposisi | [oposisi] |
| oposición (f) | oposisi | [oposisi] |

visita (f)	kunjungan	[kundʒʲuŋan]
visita (f) oficial	kunjungan resmi	[kundʒʲuŋan resmi]
internacional (adj)	internasional	[internasional]

| negociaciones (f pl) | negosiasi, perundingan | [negosiasi], [pərundiŋan] |
| negociar (vi) | bernegosiasi | [bərnegosiasi] |

193. La política. El gobierno. Unidad 2

sociedad (f)	masyarakat	[maʃarakat]
constitución (f)	Konstitusi, Undang-Undang Dasar	[konstitusi], [undaŋ-undaŋ dasar]
poder (m)	kekuasaan	[kekuasa'an]
corrupción (f)	korupsi	[korupsi]

| ley (f) | hukum | [hukum] |
| legal (adj) | sah | [sah] |

| justicia (f) | keadilan | [keadilan] |
| justo (adj) | adil | [adil] |

comité (m)	komite	[komite]
proyecto (m) de ley	rancangan undang-undang	[rantʃaŋan undaŋ-undaŋ]
presupuesto (m)	anggaran belanja	[aŋgaran belandʒʲa]
política (f)	kebijakan	[kebidʒʲakan]
reforma (f)	reformasi	[reformasi]
radical (adj)	radikal	[radikal]

potencia (f) (~ militar, etc.)	kuasa	[kuasa]
poderoso (adj)	adikuasa, berkuasa	[adikuasa], [bərkuasa]
partidario (m)	pendukung	[pendukuŋ]
influencia (f)	pengaruh	[peŋaruh]

régimen (m)	rezim	[rezim]
conflicto (m)	konflik	[konfli']
complot (m)	komplotan	[komplotan]
provocación (f)	provokasi	[provokasi]

derrocar (al régimen)	menggulingkan	[məŋguliŋkan]
derrocamiento (m)	penggulingan	[peŋguliŋan]
revolución (f)	revolusi	[revolusi]

golpe (m) de estado	kudeta	[kudeta]
golpe (m) militar	kudeta militer	[kudeta militer]
crisis (f)	krisis	[krisis]
recesión (f) económica	resesi ekonomi	[resesi ekonomi]

manifestante (m)	pendemo	[pendemo]
manifestación (f)	demonstrasi	[demonstrasi]
ley (f) marcial	darurat militer	[darurat militer]
base (f) militar	pangkalan militer	[paŋkalan militer]

| estabilidad (f) | stabilitas | [stabilitas] |
| estable (adj) | stabil | [stabil] |

| explotación (f) | eksploitasi | [eksploitasi] |
| explotar (vt) | mengeksploitasi | [məŋeksploitasi] |

racismo (m)	rasisme	[rasisme]
racista (m)	rasis	[rasis]
fascismo (m)	fasisme	[fasisme]
fascista (m)	fasis	[fasis]

194. Los países. Miscelánea

extranjero (m)	orang asing	[oraŋ asiŋ]
extranjero (adj)	asing	[asiŋ]
en el extranjero	di luar negeri	[di luar negeri]

emigrante (m)	emigran	[emigran]
emigración (f)	emigrasi	[emigrasi]
emigrar (vi)	beremigrasi	[bəremigrasi]

Oeste (m)	Barat	[barat]
Oriente (m)	Timur	[timur]
Extremo Oriente (m)	Timur Jauh	[timur dӡʲauh]

civilización (f)	peradaban	[pəradaban]
humanidad (f)	umat manusia	[umat manusia]
mundo (m)	dunia	[dunia]
paz (f)	perdamaian	[pərdamajan]
mundial (adj)	sedunia	[sedunia]

patria (f)	tanah air	[tanah air]
pueblo (m)	rakyat	[rakjat]
población (f)	populasi, penduduk	[populasi], [pendudu']
gente (f)	orang-orang	[oraŋ-oraŋ]
nación (f)	bangsa	[baŋsa]
generación (f)	generasi	[generasi]

territorio (m)	wilayah	[wilajah]
región (f)	kawasan	[kawasan]
estado (m) (parte de un país)	negara bagian	[negara bagian]

tradición (f)	tradisi	[tradisi]
costumbre (f)	adat	[adat]
ecología (f)	ekologi	[ekologi]

indio (m)	orang Indian	[oraŋ indian]
gitano (m)	lelaki Gipsi	[lelaki gipsi]
gitana (f)	wanita Gipsi	[wanita gipsi]

gitano (adj)	Gipsi, Rom	[gipsi], [rom]
imperio (m)	kekaisaran	[kekajsaran]
colonia (f)	koloni, negeri jajahan	[koloni], [negeri dʒ|adʒ|ahan]
esclavitud (f)	perbudakan	[pərbudakan]
invasión (f)	invasi, penyerbuan	[invasi], [penerbuan]
hambruna (f)	kelaparan, paceklik	[kelaparan], [patʃekli']

195. Grupos religiosos principales. Las confesiones

| religión (f) | agama | [agama] |
| religioso (adj) | religius | [religius] |

creencia (f)	keyakinan, iman	[keyakinan], [iman]
creer (en Dios)	percaya	[pərtʃaja]
creyente (m)	penganut agama	[peŋanut agama]

| ateísmo (m) | ateisme | [ateisme] |
| ateo (m) | ateis | [ateis] |

cristianismo (m)	agama Kristen	[agama kristen]
cristiano (m)	orang Kristen	[oraŋ kristen]
cristiano (adj)	Kristen	[kristen]

catolicismo (m)	agama Katolik	[agama katoli']
católico (m)	orang Katolik	[oraŋ katoli']
católico (adj)	Katolik	[katoli']

protestantismo (m)	Protestanisme	[protestanisme]
Iglesia (f) protestante	Gereja Protestan	[geredʒ|a protestan]
protestante (m)	Protestan	[protestan]

ortodoxia (f)	Kristen Ortodoks	[kristen ortodoks]
Iglesia (f) ortodoxa	Gereja Kristen Ortodoks	[geredʒ|a kristen ortodoks]
ortodoxo (m)	Ortodoks	[ortodoks]

presbiterianismo (m)	Gereja Presbiterian	[geredʒ	a presbiterian]
Iglesia (f) presbiteriana	Gereja Presbiterian	[geredʒ	a presbiterian]
presbiteriano (m)	penganut Gereja Presbiterian	[peŋanut geredʒ	a presbiterian]

| Iglesia (f) luterana | Gereja Lutheran | [geredʒ|a luteran] |
| luterano (m) | pengikut Gereja Lutheran | [peɲikut geredʒ|a luteran] |

| Iglesia (f) bautista | Gereja Baptis | [geredʒ|a baptis] |
| bautista (m) | penganut Gereja Baptis | [peŋanut geredʒ|a baptis] |

Iglesia (f) anglicana	Gereja Anglikan	[geredʒ	a aŋlikan]
anglicano (m)	penganut Anglikanisme	[peŋanut aŋlikanisme]
mormonismo (m)	Mormonisme	[mormonisme]
mormón (m)	Mormon	[mormon]

judaísmo (m)	agama Yahudi	[agama yahudi]
judío (m)	orang Yahudi	[oraŋ yahudi]
budismo (m)	agama Buddha	[agama budda]

budista (m)	penganut Buddha	[peŋanut budda]
hinduismo (m)	agama Hindu	[agama hindu]
hinduista (m)	penganut Hindu	[peŋanut hindu]

Islam (m)	Islam	[islam]
musulmán (m)	Muslim	[muslim]
musulmán (adj)	Muslim	[muslim]

chiísmo (m)	Syi'ah	[ʃi-a]
chiita (m)	penganut Syi'ah	[peŋanut ʃi-a]
sunismo (m)	Sunni	[sunni]
suní (m, f)	ahli Sunni	[ahli sunni]

196. Las religiones. Los sacerdotes

| sacerdote (m) | pendeta | [pendeta] |
| Papa (m) | Paus | [paus] |

monje (m)	biarawan, rahib	[biarawan], [rahib]
monja (f)	biarawati	[biarawati]
pastor (m)	pastor	[pastor]

abad (m)	abbas	[abbas]
vicario (m)	vikaris	[vikaris]
obispo (m)	uskup	[uskup]
cardenal (m)	kardinal	[kardinal]

predicador (m)	pengkhotbah	[peŋhotbah]
prédica (f)	khotbah	[hotbah]
parroquianos (pl)	ahli paroki	[ahli paroki]

| creyente (m) | penganut agama | [peŋanut agama] |
| ateo (m) | ateis | [ateis] |

197. La fe. El cristianismo. El islamismo

| Adán | Adam | [adam] |
| Eva | Hawa | [hawa] |

Dios (m)	Tuhan	[tuhan]
Señor (m)	Tuhan	[tuhan]
el Todopoderoso	Yang Maha Kuasa	[yaŋ maha kuasa]

pecado (m)	dosa	[dosa]
pecar (vi)	berdosa	[berdosa]
pecador (m)	pedosa lelaki	[pedosa lelaki]
pecadora (f)	pedosa wanita	[pedosa wanita]

infierno (m)	neraka	[neraka]
paraíso (m)	surga	[surga]
Jesús	Yesus	[yesus]
Jesucristo (m)	Yesus Kristus	[yesus kristus]

el Espíritu Santo	**Roh Kudus**	[roh kudus]
el Salvador	**Juru Selamat**	[dʒ'uru selamat]
la Virgen María	**Perawan Maria**	[pərawan maria]
el Diablo	**Iblis**	[iblis]
diabólico (adj)	**setan**	[setan]
Satán (m)	**setan**	[setan]
satánico (adj)	**setan**	[setan]
ángel (m)	**malaikat**	[malajkat]
ángel (m) custodio	**malaikat pelindung**	[malajkat pelinduŋ]
angelical (adj)	**malaikat**	[malajkat]
apóstol (m)	**rasul**	[rasul]
arcángel (m)	**malaikat utama**	[malajkat utama]
anticristo (m)	**Antikristus**	[antikristus]
Iglesia (f)	**Gereja**	[geredʒ'a]
Biblia (f)	**Alkitab**	[alkitab]
bíblico (adj)	**Alkitab**	[alkitab]
Antiguo Testamento (m)	**Perjanjian Lama**	[pərdʒ'andʒian lama]
Nuevo Testamento (m)	**Perjanjian Baru**	[pərdʒ'andʒian baru]
Evangelio (m)	**Injil**	[indʒil]
Sagrada Escritura (f)	**Kitab Suci**	[kitab sutʃi]
cielo (m)	**Surga**	[surga]
mandamiento (m)	**Perintah Allah**	[pərintah allah]
profeta (m)	**nabi**	[nabi]
profecía (f)	**ramalan**	[ramalan]
Alá	**Allah**	[alah]
Mahoma	**Muhammad**	[muhammad]
Corán, Korán (m)	**Al Quran**	[al kur'an]
mezquita (f)	**masjid**	[masdʒid]
mulá (m), mullah (m)	**mullah**	[mullah]
oración (f)	**sembahyang, doa**	[sembahjaŋ], [doa]
orar, rezar (vi)	**bersembahyang, berdoa**	[bərsembahjaŋ], [bərdoa]
peregrinación (f)	**ziarah**	[ziarah]
peregrino (m)	**peziarah**	[peziarah]
La Meca	**Mekah**	[mekah]
iglesia (f)	**gereja**	[geredʒ'a]
templo (m)	**kuil, candi**	[kuil], [tʃandi]
catedral (f)	**katedral**	[katedral]
gótico (adj)	**Gotik**	[goti']
sinagoga (f)	**sinagoga, kanisah**	[sinagoga], [kanisah]
mezquita (f)	**masjid**	[masdʒid]
capilla (f)	**kapel**	[kapel]
abadía (f)	**keabbasan**	[keabbasan]
convento (m)	**biara**	[biara]
monasterio (m)	**biara**	[biara]
campana (f)	**lonceng**	[lontʃeŋ]

| campanario (m) | menara lonceng | [mənara lontʃeŋ] |
| sonar (vi) | berbunyi | [bərbunji] |

cruz (f)	salib	[salib]
cúpula (f)	kubah	[kubah]
icono (m)	ikon	[ikon]

alma (f)	jiwa	[dʒiwa]
destino (m)	takdir	[takdir]
maldad (f)	kejahatan	[kedʒiahatan]
bien (m)	kebaikan	[kebajkan]

vampiro (m)	vampir	[vampir]
bruja (f)	tukang sihir	[tukaŋ sihir]
demonio (m)	iblis	[iblis]
espíritu (m)	roh	[roh]

| redención (f) | penebusan | [penebusan] |
| redimir (vt) | menebus | [mənebus] |

culto (m), misa (f)	misa	[misa]
decir misa	menyelenggarakan misa	[mənjeleŋgarakan misa]
confesión (f)	pengakuan dosa	[peŋakuan dosa]
confesarse (vr)	mengaku dosa	[məŋaku dosa]

santo (m)	santo	[santo]
sagrado (adj)	suci, kudus	[sutʃi], [kudus]
agua (f) santa	air suci	[air sutʃi]

rito (m)	ritus	[ritus]
ritual (adj)	ritual	[ritual]
sacrificio (m)	pengorbangan	[peŋorbaŋan]

superstición (f)	takhayul	[tahajul]
supersticioso (adj)	bertakhayul	[bərtahajul]
vida (f) de ultratumba	akhirat	[ahirat]
vida (f) eterna	hidup abadi	[hidup abadi]

MISCELÁNEA

198. Varias palabras útiles

alto (m) (parada temporal)	**perhentian**	[pərhentian]
ayuda (f)	**bantuan**	[bantuan]
balance (m)	**keseimbangan**	[keseimbaŋan]
barrera (f)	**rintangan**	[rintaŋan]
base (f) (~ científica)	**basis, dasar**	[basis], [dasar]
categoría (f)	**kategori**	[kategori]
causa (f)	**sebab**	[sebab]
coincidencia (f)	**kebetulan**	[kebetulan]
comienzo (m) (principio)	**permulaan**	[pərmulaˀan]
comparación (f)	**perbandingan**	[pərbandiŋan]
compensación (f)	**kompensasi, ganti rugi**	[kompensasi], [ganti rugi]
confortable (adj)	**nyaman**	[njaman]
cosa (f) (objeto)	**barang**	[baraŋ]
crecimiento (m)	**pertumbuhan**	[pərtumbuhan]
desarrollo (m)	**perkembangan**	[pərkembaŋan]
diferencia (f)	**perbedaan**	[pərbedaˀan]
efecto (m)	**efek, pengaruh**	[efek], [peŋaruh]
ejemplo (m)	**contoh**	[ʧontoh]
variedad (f) (selección)	**pilihan**	[pilihan]
elemento (m)	**unsur**	[unsur]
error (m)	**kesalahan**	[kesalahan]
esfuerzo (m)	**usaha**	[usaha]
estándar (adj)	**standar**	[standar]
estándar (m)	**standar**	[standar]
estilo (m)	**gaya**	[gaja]
fin (m)	**akhir**	[ahir]
fondo (m) (color de ~)	**latar belakang**	[latar belakaŋ]
forma (f) (contorno)	**bentuk, rupa**	[bentuk], [rupa]
frecuente (adj)	**kerap, sering**	[kerap], [seriŋ]
grado (m) (en mayor ~)	**tingkat**	[tiŋkat]
hecho (m)	**fakta**	[fakta]
ideal (m)	**ideal**	[ideal]
laberinto (m)	**labirin**	[labirin]
modo (m) (de otro ~)	**cara**	[ʧara]
momento (m)	**saat, waktu**	[saˀat], [waktu]
objeto (m)	**objek**	[obdʒˈeˀ]
obstáculo (m)	**rintangan**	[rintaŋan]
original (m)	**orisinal, dokumen asli**	[orisinal], [dokumen asli]
parte (f)	**bagian**	[bagian]

partícula (f)	partikel, bagian kecil	[partikel], [bagian ketʃil]
pausa (f)	istirahat	[istirahat]
posición (f)	posisi	[posisi]
principio (m) (tener por ~)	prinsip	[prinsip]
problema (m)	masalah	[masalah]
proceso (m)	proses	[proses]
progreso (m)	kemajuan	[kemadʒʲuan]
propiedad (f) (cualidad)	sifat	[sifat]
reacción (f)	reaksi	[reaksi]
riesgo (m)	risiko	[risiko]
secreto (m)	rahasia	[rahasia]
serie (f)	rangkaian	[raŋkajan]
sistema (m)	sistem	[sistem]
situación (f)	situasi	[situasi]
solución (f)	solusi, penyelesaian	[solusi], [penjelesajan]
tabla (f) (~ de multiplicar)	tabel	[tabel]
tempo (m) (ritmo)	tempo, laju	[tempo], [ladʒʲu]
término (m)	istilah	[istilah]
tipo (m) (p.ej. ~ de deportes)	jenis	[dʒʲenis]
tipo (m) (no es mi ~)	jenis	[dʒʲenis]
turno (m) (esperar su ~)	giliran	[giliran]
urgente (adj)	segera	[segera]
urgentemente	segera	[segera]
utilidad (f)	kegunaan	[keguna'an]
variante (f)	varian	[varian]
verdad (f)	kebenaran	[kebenaran]
zona (f)	zona	[zona]

www.ingramcontent.com/pod-product-compliance
Lightning Source LLC
LaVergne TN
LVHW051342080426
835509LV00020BA/3256

* 9 7 8 1 7 8 6 1 6 4 9 6 4 *